高效演讲

一开口就让人喜欢你

滕龙江◎编著

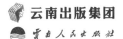

云南出版集团

云南人民出版社

图书在版编目（CIP）数据

高效演讲：一开口就让人喜欢你／滕龙江编著．——
昆明：云南人民出版社，2020.9
ISBN 978-7-222-19479-3

Ⅰ．①高… Ⅱ．①滕… Ⅲ．①演讲－语言艺术－通俗
读物 Ⅳ．① H019-49

中国版本图书馆 CIP 数据核字 (2020) 第 153435 号

责任编辑：李　洁
助理编辑：李凌浩
装帧设计：周　飞
责任校对：胡元青
责任印制：马文杰

高效演讲　一开口就让人喜欢你
GAOXIAO YANJIANG　YI KAIKOU JIU RANG REN XIHUANNI
滕龙江 编著

出版　云南出版集团　云南人民出版社
发行　云南人民出版社
社址　昆明市环城西路609号
邮编　650034
网址　www.ynpph.com.cn
E-mail　ynrms@sina.com
开本　880mm × 1230mm 1/32
印张　7
字数　150千
版次　2020年 9 月第 1 版第 1 次印刷
印刷　永清县晔盛亚胶印有限公司
书号　ISBN 978-7-222-19479-3
定价　38.00元

如有图书质量及相关问题请与我社联系
审校部电话：0871-64164626　印刷科电话：0871-64191534

云南人民出版社公众微信号

前　言

　　无论从事什么工作，无论在学习还是工作中，你都可能会在会议室与同事、客户讲话，也可能会在大礼堂对着几百人演讲。这样的场合，你能否抓住机会，通过演讲一举赢得支持实现梦想？

　　演讲是表达思想的一种重要方式，也是与人交流的重要利器。很多有影响的活动都需要借助演讲的形式来展开和实现。小到就职发言，大到竞选总统，都需要在众人之前"一抒胸臆"，以争取支持，西方国家元首竞选，演讲是最主要的拉票方式，几乎没有一个国家首脑是不善演讲的。

　　在当今社会，演讲口才能力的高低直接影响到一个人日

常生活的方方面面。作为一种与先天无关的能力，无论贫富、贵贱，它完全靠后天的培养。同时，演讲也是实践性极强的一门学科，如果你不开口去训练，不找一切机会去实践，你在这方面要超越和突破几乎绝无可能。

这是一个激烈竞争的时代，这是一个展现个人语言魅力的时代！在人生的舞台上，一流的演讲口才将是您驰骋人生的重要法宝。在古代，人们就认为"一人之辩重于九鼎之宝，三寸之舌强于百万之师"。到了近代，英国首相丘吉尔曾说："一个人可以面对多少人，就代表这个人的人生成就有多大！"无论是政界领袖毛泽东、列宁、克林顿，还是商界领袖韦尔奇、柳传志、张瑞敏、马云……古今中外绝大多数深具影响力的成功人士都是善于演讲的高手。

演讲，就是借助有声语言和态势语言的艺术手段，面对听众的讲话，其呈现形式是"一人讲，众人听、众人看"。许多人认为，演讲是领导者、管理者的事，跟普通人没什么关系。其实，演讲无处不在：公司大会汇报工作是演讲，跟许多客户介绍产品是演讲，朋友聚会做自我介绍也是演讲……无论是生活中还是工作中，随时都有需要演讲的情境和场合。随着社会的发展，越来越多的人已经意识到演讲的重要性；意识到具有优秀的演讲口才是适应社会发展的重要本领，也是赢得事业成功的重要基础。

在日常生活中，有很多人在学习上名列前茅，在工作上出类拔萃，但每当遇到在公众场合发言的时候，就不寒而栗。他们紧张、他们害怕、他们担心自己会因为讲不好而被别人嘲笑，越是如此就越是在演讲时说不出口。要想在会议上侃侃而谈、慷慨陈词、树立领袖风采，要想在各种社交场合应声而起、畅所欲言、展现个人魅力，要想在下属和员工面前言谈得体、泰然自若、具备领袖风度，你就必须大胆去说，克服心理上的障碍，迈出那关键的一步。

同样是演讲，但为什么有的人讲话平平淡淡，而有的人讲话却能引起听众的巨大反响？

好口才不是天生的，而是后天有效锻炼的结果，正如人际关系学大师卡耐基说："演讲绝不是上帝给予少数人的特别才能"，"世界上没有什么天生的演说家，如果有的话，一定是因为他付出了常人难以想象的努力与训练的结果"。所以，要想有好口才，要想让你的演讲征服众人，为你带来成功的机遇，就要进行有效的科学训练。

《高效演讲：一开口就让人喜欢你》为每一位渴望提高自己演讲口才的人们提供了一条便捷途径。全书用深入浅出的语言将演讲者应当掌握的重要知识和演讲中必须运用的技巧娓娓道来，告诉读者如何修炼自己的演讲素养，如何打磨自己的演讲语言，如何开好演讲的头、结好演讲的尾，如何吸引听众的注意力，如何与听众进行现场互动交流，如何展示自己的魅力影响和打动听

众等，流利地表达自己的思想，一步步实现演讲目标，高效圆满地将演讲推向高潮。

祝愿大家练好演讲功底，运用演讲艺术，在讲台上大展风采，发挥你无与伦比的影响力，让全场掌声经久不息！

目　录

高效演讲
一开口就让人喜欢你

第三章　拓展你的讲述方式，让你的演讲更有表达力

第四章　控制演讲的氛围，让现场更有感染力

第五章　高效沟通，让听众跟着你的思维走

第一章　准备的越充分，你的演讲越轻松

俗话说："成功只会青睐那些准备充分的人。"演讲也自然如此。即便我们做不到"台上一分钟，台下十年功"那么夸张，讲话之前做些适当的准备也是必需的。良好的精神状态，得体的穿着和举止，再加上适当的布局，使听众能把注意力放在你身上。这些准备工作将大大提高你演讲时的成功率。

1. 良好的精神状态有利于演讲

每个人都想自己在演讲的时候取得最佳的效果，如果你想使你在演讲时发挥透彻，那么，当你面对听众之前，必须多腾出一些时间来休息，因为疲惫了的人，是没有引人入胜的魔力。俗话说："凡事预则立，不预则废"。不要在将临演讲的时候才去匆忙地预备，带着疲倦的精神去演讲会让你的演说效果大打折扣，这是一般人最易犯的错误，结果会使你遭遇惨败，你的脑力也将受到相当的损害。

演讲需要精心的准备，这种准备不仅体现在发言的内容上，同样体现在你发言时候所具备的精神面貌上。假使你在下午3点钟要出席会议，发表重要的谈话，那么，你最好午后不要再进办公室。午饭可以回家去吃，吃了躺在床上舒舒服服地睡一觉。这样，你的体力、脑力、精神三方面同时休息，对你下午的发言十分有益。

一位著名演说家因为常常提早向朋友告辞，让妻子独自陪着朋友，而常常使他的朋友不乐。他们不知道他提早告辞的原因，是急于要去休息一会，以做好演说出场前的准备。

要想成为一名出色的演说家，那么你就应该舍弃一切嗜好、偏爱、社交和饱食。如果你要发表一篇重要的演讲，你必须留

意，千万不要吃得过饱。

　　一位市长在发表就职演讲前，特地抽出周末的时间和家人一起去野外郊游，以此来缓解竞选市长时带来的各种压力。下面就是他良好休息后带给人们的精彩演讲：

　　非常感谢大家对我的信任，选举我做××市人民政府的市长，我深知这个选举结果的分量，因为它包含着党和上级领导部门对我的信任，包含着六十万市民的重托。

　　能在这次选举中当选××市市长，我感到无上光荣。我热爱××，就像热爱自己的家园一样。××这块热土，有厚重的历史、光荣的传统、丰富的资源、秀美的山川，更让我感动的是××人民的勇敢、勤奋、质朴和包容。这些年来，××人民在市委、市政府的领导下，团结奋斗，不断进取，勤奋工作，不懈追求，取得了经济建设和各项社会事业的巨大成就，作为××市的成员之一，我为之自豪。今天，我有幸当选××市市长，我要说的第一句话就是：感谢组织的关怀，领导的关心，全市人民特别是在座各位代表的信任以及同志们多年来在工作上对我的支持与帮助、厚爱与抬举。没有这，我将一事无成。

　　成为市长之后，在感到光荣的同时，我更感到一种压力。不同的岗位肩负不同的职责，对我来说，今天是一个新的起点。我觉得自己现在就像一个考生，面临的考题就是××市经济社会发展这篇大文章；或者说，就像一个参加接力赛的运动员，前任们已经把他们创造的辉煌交到了我的手中，如何把这篇文章作得更好，把这一棒跑得更快，这是对我的一种检阅、一种审视、一种挑战。我将在今后的工作中恪尽职守、踏踏实实、勤奋工作，毕全部精力以求不辱使命。我想，只有这样，才能回报全市人民对我的信任，才能无愧于各位代表今天对我的选择。

未来的五年，将是我市全面贯彻党的十六大精神，努力实践"三个代表"重要思想的五年；是全面落实市第九次党代会及本次会议提出的战略部署的五年；是继续推进"三化"进程，大力实施结构调整、开放带动、经营城镇、科教兴市和可持续发展战略的五年；是努力实现全市经济社会跨越式发展，全面推进小康社会建设的关键性五年。在这五年里，有三大历史任务需要我们去完成。我想，和全市人民及在座的各位一道，共同奋斗，努力把××市的事情、把属于本届政府的事情办好，就是我的职责、义务和使命之所在。

我深知自己能力有限，水平不高，尽管如此，我还是愿意倾我所有、尽我所能，为××市的发展贡献自己的全部力量。我相信，天道酬勤，勤能补拙，相信有付出就会有收获。我想，只要我努力践行"正位、笃学、勤勉、重道、守纪"的为人从政准则，勤政务实，廉洁为民，勇于进取，敢于突破，工作就一定会有成效。我更坚信，有市委的正确领导，有各位人大代表的支持、监督和帮助，经过全市人民的共同努力，我们的奋斗目标就可以实现，也一定能够实现。我渴望在我交卷或者交棒的那一天，得到的掌声比现在更多、更热烈。因为，你们的肯定就是对我最大的褒奖。

最后，我要说的是：我将铭记今天，我将忠实履行诺言。

良好的精神状态不仅使这位市长在就职演讲时候声音饱满，还能以充满活力的精神面貌赢得听众的认可，相信在这位新市长的带领下××市的明天会更好。

在美国的大学校园里，经常可以看到有人当众发表演说，耶鲁大学就是演讲家荟萃的地方，那里有着各式各样的人物。你在周末走进耶鲁大学，可以随意听到一位天主教徒在讲怎样才不会有过失；或是一位印度人在讲伊斯兰教徒为什么不妨娶三妻四妾。但是演讲者的前面，有的围绕几百人，有的只站着几个人。这是什么缘故？由于演讲主题的魔力吗？不，这完全得由演讲者自己的感情和精神面貌所决定，如果他对自己所讲的内容极感兴趣，那听的人一定也极感兴趣；他有精神，听众也就有精神了。

2. 得体的穿着让你更有信心

俗话说："人靠衣裳马靠鞍。"一身得体的穿着不仅能让台下的听众更加欣赏你，也会让演讲的你更加有信心。毕竟，人是有审美观的，没有人会长时间盯着一个衣着邋遢的人而不生厌。穿着都不得体又怎能拿话语去打动人？

演讲的过程中，听众在用耳朵听你发言的同时，也在用他们的眼睛看着你，看着你的表情、看着你的举止、看着你的衣着。得体的衣着会在演说的过程中增强你的自信，让你的言语更加的流利。美国心理学家兼大学校长乔治先生在"对于你自己所着服装的感想如何"这个问题上曾经征求过许多人的意见，结果是大家的回答基本一致，他们穿得十分整洁漂亮的时候，便会觉得身上似乎多了一种力量，这种力量虽然很难解释，但是很明确：它使他们增强了自信心。很显然，演讲时在外表上装扮得很成功，你的潜意识更容易想到成功，从而真的得到成功。这就是服装对于穿着者所发生的效果。

当你进行演讲时，无论多么紧张，也必须表现得镇定自信。你的姿态很关键，而你的衣服则是你的保护层。很多时候，听众可能因为注意力在你得体的衣着上，而忽略了你的紧张，从而使你有机会更好地调节自己的情绪。服装的色彩搭配也同样重要，事前认真想好你想要传达的信息，然后根据相关细节去进行色彩搭配。你想表现得肃穆简朴？青灰色绝对能帮得上忙；想表现得敏捷有效率？可以考虑黑白搭配，或者深灰色细斜纹也不错；想表现得和蔼可亲又不失权威？桃红色、驼色、斜纹软呢料子等都是很好的选择。

外套：剪裁出色和合身的服装会让人感觉大家缺少你不行。合身是说你的外套要恰到好处，不能紧得像是贴在你的身上，或者松得包裹着全身。如果套装下身是裙子，那么要确保所有皱褶已熨平，长度符合整体服装比例。如果下身穿裤子，那么裆位处不可以松松垮垮，腰带要系牢，位置要

摆得漂亮。记住，讲话的场合需要，你不用穿一件传统的西服，你只需要一件硬挺而又协调的套装。

衬衣：衬衣必须利落爽朗，切合外套的剪裁。领子过高或者过紧会让你显得很死板。所以可以松开衬衣一点点，但是请你记住千万不要将从上往下数的第三颗纽扣以下的任何一个纽扣打开。一件漂亮而又有风情的衬衣可以将整体外形衬托得十分出色。暖玫瑰色或者皱褶边可以让外套的硬朗边缘柔和起来。

鞋子：一双干净而利落的鞋子可以让你显得高而笔挺，使你能自信满满地登上演讲台。可以尝试粗跟的高跟鞋，但千万不要挑样子笨重的，你可以尝试一下圆头或者尖头鞋。

颜色：灰色代表着力量。黑色是典型的商务色，但不要为了保险就只挑黑色来穿，因为可能对你来说它并不保险。香奈儿曾经说过："世界上最好的颜色就是你穿起来最好看的那种颜色。"

演讲时的着装质量和规则十分重要。对于女士来说，在非正式的场合，可穿合身的运动夹克和短裙，以衬托出本身迷人的曲线，同时又不会显得过于随意。这些得体的套装和完美的剪裁不仅能够吸引听众的注意力，还能时刻让你保持醒目和干练的姿态。

不同的说话场合需要不同的衣着，这就需要你在之前做好充分的准备。当你需要演讲时，就是拿出你相应的"讲话外套"的时候了。稍稍过分的打扮不会有太大影响。穿着如此隆重，表现出你是认真对待此项工作，而且你尊重对方的意见。反过来，他们也会尊重你。

服装对演讲者有上述的效果，对听众又怎么样呢？你可以想象一下，如果一位发言者穿了一条像一只布袋的裤子，不像样的衣履；口袋外露着钢笔或是铅笔，外衣袋里塞满了东西弄的鼓鼓的时候，听众便会对他失去不少尊敬，因为听众从他那不梳理的头发和不整洁的衣履上已经对他产生了厌恶感。

3. 把听众聚在一起，增加演讲气势

人们总是喜欢对聚在一起的演讲发生兴趣。因此，在你演讲的时候，把听众聚在一起，给你的演说增加"气势"，会在一定程度上提高你的成功率。

一位著名演说家曾经说："我是一个职业的当众演讲者，所以当我下午在大礼堂中对疏疏散散的几个听众讲过话之后，晚上又在那礼堂中对很多的听众演讲。下午的听众只对我现出一些微笑；晚上的听众，对我大笑不止。那些在晚上对我所讲的话鼓掌的地方，下午的听众在那里听了却并不起什么反应。这是为什么？原来下午的听众，大都是些小孩子和老妇，不像晚上的听众们那样活泼敏捷而富有表情。不过，这还是局部的解释，最重要的还是因为下午的听众，稀少而散漫地分坐各处，他们的感情也因此分散不少。所以，听众间留着宽大的空隙或是空椅是最糟糕

的事。"

或许你会说："我仅仅是对几个人演讲，并无法召集那么多的听众。"但这并不是问题。虽然对多数听众演讲，比在少数听众面前演讲要兴奋得多。实际上，对10个人演讲也能讲得十分高兴，不过那10个人应该紧紧地围绕着讲话者坐着。如果听众有100个人，他们每两人间离着4米的空隙，那就像在一间空屋中一样。所以，使听众密在一处，你便可以事半功倍了。

一个人在大庭广众之下，比较容易失去他的个性，并且比单独一个人的时候容易被感情所支配，更容易受周围的人影响。譬如当你对10个人演讲时，如果其中有一个人对你讲的话并不怎样感动，但因为别人的鼓掌和发笑，他也会被别人同化而一起鼓掌、发笑。

叫人家去做团体的行动，比叫人家去做单独的行动容易，谁都愿意团聚在一起。

群众真是一种奇怪的力量，在历史上有许多著名的运动和改革，都是因为群众心力的帮助而获得成功的。

如果我们要和一个小团体说话，我们应该选择一间小屋，把中间的通道都坐满人，这比在一间宽阔的礼堂中要好得多。如果听众散坐着，你可以请他们移到前面贴近你坐着，这一点是你开始演讲之前必须注意的。在没有足够的听众时最好不要登台，否则，就得和他们站在同一平面上，挨近他们，打破郑重的形式，和他们亲近，使你的演讲变成随性的形式，结果一定比登台要好得多。

4. 让光线照在你的脸上

当你演讲时，你并不是在对群众表演什么神奇的魔术，所以必须使室内的光线充足，而且还须有光线照在你的脸上，因为大家都想看清你的表情。在这一点上，我们可以参照那些摄影师，他们总是成功地利用光线，使自己的作品更加出色。当众演讲也是一样，你脸上因讲话而随时涌现出来的微妙表情，在充足光线的照耀下，能够给听众特殊的感受，有时比你的演讲更有意义。

仔细阅读下面这篇演讲稿，分别以演讲者脸上充满直射的光线和没有光线两种情形进行，你自然会体会出其中效果的不同。

成功学的创始人拿破仑·希尔说："自信，是人类运用和驾驭宇宙无穷大智的唯一管道，是所有'奇迹'的根基，是所有科学法则无法分析的玄妙神迹的发源地。"奥里森·马登也说过这样一段耐人寻味的话："如果我们分析一下那些卓越人物的人格特质，就会看到他们有一个共同的特点：他们在开始做事前，总是充分相信自己的能力，排除一切艰难险阻，直到胜利！"

自信的确在很大程度上促进了一个人的成功，从不少人的创业史上我们都可见一斑。自信可以从困境中把人解救出来，可以使人在黑暗中看到成功的光芒，可以赋予人奋斗

的动力。或许可以这么说："拥有自信，就拥有了成功的一半。"

同样两个努力工作的人，自信的人在工作时总会以一种更轻松的方式度过：当很好地完成了任务时，会认为这是因为自己有实力，当遇到实在无法完成的任务时，则认为也许任务本身实在太难；而缺少自信的人则会把成功归功于好的运气，把失败看成是自己本领不到家。只是由于这小小的心理差异，虽然二人花的时间、精力都差不多，但往往较为自信那一方的收获要大得多。

国内外多少科学家，尤其是发明家，哪一位不是对自己所攻克的项目充满信心呢？一次又一次地失败只会一次又一次地激发起他们的斗志——他们认为：失败越多，距离成功也就越近了。但自信不是平白无故地就会附着在人身上的，首先人要有真才实学，接着才会有真正意义上的自信，并把它作为一种极其有用的动力。空有满腹自信，那只说得上是自以为是罢了。这种所谓的"自信"，不但不能推动人前进，反而害人不浅。

王小山说过："没有真东西，只有信心的话，前途只有一条——死，而且死得很难看。"这句话听起来有些过火，但事实上如果仅有自信的话确实是十分危险的。

同样，在我们的学习中，仅有自信也是不够的，自信应该与努力有机地结合起来。时常见到有部分同学在考试之际，没有一丝紧张，满怀自信地步入考场。但考试过后，这部分同学中有的分数挺高，有的分数却是羞于见人的。这看似不可理喻的事情其实很简单：这部分同学中一种是既自信又刻苦、认真学习的，一种是单有自信却未付出努力的。这两类同学看上去都是充满着信心去应试，但由于平时知识的积累不一样，后果就截然不同。

所以说，我们做人，就应当先做一个满腹经纶的人，然后再做充满自信的人。因为自信只是一种虚无的力量，想要成功，就得让自信附着于"实干"这一燃烧自信的机械上，以使自信发挥出它应有的力量。

有光线，将配合演讲者体现言语之外的力量；无光线，所讲内容也自然随之暗淡无光。特别是那些需要鼓舞听众士气、提高听众激情的讲话，更需要充足的光线来提高听众的感受。

演讲时不要站在光线下面，因为这样将使你的脸上显出模糊的暗影；也不要让光线从后面射过来，免得把光线完全遮住。当你准备演讲之前，最好选定一个光线最适当的地方，再去站在那里，这才是最聪明的办法。

5. 明确地表明演讲的目的

人与人之间的交流总是有其明确的目的性。演讲，总是离不开下面四个要点：说明事理、说服听众而使人感动、得到行动、

使人发生趣味。

现在，我们不妨举几个实例来证明：林肯对于机械很感兴趣，他曾发明一种把搁浅在泥沙中的船只举起来的机器，而且还获得了专利权。他在他的律师事务所附近的一家机械厂中制造模型，结果失败了，但他依旧很执着地认为有成功的可能。如果有朋友到他的事务所去看模型，他也不厌烦地向朋友说明事理，他的目的就是要使朋友们能够明白。

当林肯在葛底斯堡发表他那不朽的演讲时，当林肯发表他就职第一次及第二次总统的演讲时，林肯的主要目的就是说服人们而使人们感动。当然，要说服人，而使人感动，他就应该讲得十分清楚。但是，在这几种情况之下，清楚并不是他的主要目的，他在和法官讲话的时候，是希望得到有利的判决；他在参加政治活动的时候，是希望获得较多的选票；换句话说，他的目的在于得到他人的行动支持。还有他在当选总统的两年前，预备了一篇关于科学的演讲，目的是引起人家的兴趣。这虽然不是他成功的杰作，但可证明他也有过这种演讲目的。下篇《关于"一元钱"官司的思考》就很明确地表明讲话者的目的。

经常传来有某人为"一元钱"甚至"几毛钱"而诉诸法庭的报道，从而引发当事人此举是否合乎"投入产出"原则以及是否造成国家审判资源浪费的争论。对此类问题应有另外几种视角：

第一，法治的建构依据之一，就是个人是自己利益的最好判断者，制度的安排应以人的需求为中心。当个人感觉权利受到损害以后，他有权自主地选择权利救济的手段，他人不应在旁边指手画脚。

第二，权利原本是无价的，正如我们不可说某人的面子值多少钱，某女的贞操权可折算多少钱，但我们无法找到更有效的手段救济被损害权利以前，金钱补偿就成为退而求其次的选择之一。人在社会的角色是多方面的，人的需求也当然有许多种。一个事事做起来都要算计的人，其人生未免显得太乏味。因此，当那些觉得"金钱诚可贵，尊严价更高"的人，愤而拿起维权的武器时，我们应毫不吝惜地送去鼓励的掌声。

第三，法律是用来制止纷争的，道德是用来教化人类、培育情操的，这两者对于一个社会来说，犹如车之两轮、鸟之两翼，缺一不可。因此，当牺牲众人的生命去抢救一个落水儿童、当一个大学生为一个残疾人挡住车轮、当一个女研究生毅然嫁给一个农民、当一个富翁散尽家产去做慈善事业时，我们只会在心中油然升起一股敬意，而断不会有他们的做法划不来的想法。为"一元钱"而打官司者，或许其行为没有上述良好的动机，但其结果或许有相同的意义。甚至可以说，在一个文明的社会里，一个人的行为只要对他人或社会无害，其行为是否有意义也是一个不必追问的问题。

第四，在中国这样一个社会里，权利观念和权利意识是极度缺乏的。因此即便那些为"一元钱"而打官司者，是喜欢"缠诉、滥诉"的刁民，但为了培育人们的权利意识，社会也需要对他们的行为进行适度容忍，这应该是一个社会为

了实现正义和公平而不得不付出的代价。

第五，维权的手段是多种多样的，"打官司"是追求社会正义的最后一道门槛，也是成本最高的一道门槛。如果有更便利、更迅捷的途径，维权者有必要理性地选择其他途径。

在表明讲话目的时候，如果比较抽象，可以用适当的比喻。正如耶稣的门徒问为什么讲道的时候总是用比喻？耶稣说："因为我所讲的东西他们看不见、听不到，我不用比喻，他们根本不会懂。"

当你对听众讲些他们完全不熟悉的题材时，比起耶稣所讲的，你希望他们对你所讲的更易接受吗？当然，这不是容易的事。那我们该怎么办呢？请记住，耶稣碰到这样的情形时，他就努力设法把人家觉得不熟悉的东西，用简单而形象，且人们所熟知的东西做比喻，从而把那些生疏的事物形容得明明白白。

把下面的例子比较一下，看看哪一个最清楚？

（1）a. 离开地球最近的星，中间的距离有35000000000000千米。

b. 要是1分钟走1公里的火车，要走到4800万年之后，才可以到达离我们地球最近的星球上去。如在那个星球上唱一支歌，要在380万年之后，这声音才能传到我们的耳中。如果用1根蜘蛛的丝从地球上拉到那星球上，这些丝的总重量要有500吨。

（2）a. 世上最大的圣彼得教堂高45.4米，长约211米。

b. 圣彼得教堂的高，相当于两座人民大会堂堆积起来那么高。

有名的英国物理学家罗伯讲述原子的本质和面积，就是应用这一种方法。他对一群欧洲的听众说："一滴水中的原子，正像地中海的水滴一样的多。"这个例子举得真是恰到好处。因为听众中有不少是从直布罗陀海峡经过地中海而到苏伊士运河来的。所以极易对此了解。但他为了说得更明白些，所以另外又作一个比喻说："一滴水中的原子数，正像全地球上的草叶一样的多。"

演讲也可以应用这个原则。如果你要形容那金字塔的伟大，你要告诉听众约有137米高，然后你再用他们日常所见到的建筑物来做比喻；你还可以告诉他们塔底的面积占着城内多少的街道和房屋。你不要对人家说这个有多少升、那个有多少桶，不妨说某种东西多到可以装满这一个演讲的大礼堂；你要说某个建筑物的高，不妨说比这个演讲的大礼堂高多少倍；你不要用丈量的尺度来表示距离，应该说从这里的车站一直到某街一般的远，这不是比较明了吗？

6. 选好材料，突出主题

演讲最好只有一个主题，这是由演讲的特定情景和时间所决定的。在一个有限的时间段内，完全借助语言、手势等向听众讲

明一个问题或道理，同时又要说服听众，就要求在演讲时选取的材料一定要突出主题、观点鲜明。下面这篇《治理注水猪肉》的演讲，选材就十分明确。

生活在这个都市，真是让人烦恼，竟然吃不到猪肉。并不是没有供应，而是猪肉基本上都注水了，不管是早市，还是大型的超市，不管是不是品牌。用手指一粘，没有一点猪油的黏性。肉买回家，想炒个肉片，却成了水煮肉。

我们经常看到政府相关部门出重拳打击的报道，但是没有用，政府为此也想了很多的办法，有严格的屠宰、检疫规定，但是还是没有用。

小时候，家里穷，每年只有春节和端午节可以吃肉；长大了，依然觉得吃肉是件享受的事情。出于个人的私利考虑，我也在想办法治理注水猪肉。我不能像记者那样跟踪报道问题，不能像政府机关工作人员那样可以依仗职权去查。所以只能从宏观上考虑问题，以下是我的治理办法。

方法一是改事前检疫为事后检疫。

由生猪到猪肉这个过程，我们相信应该有很多的检疫流程，连在早市上卖的肉也都是盖过章的，但是这些检疫看样子已经流于形式了，否则注水的猪肉不会这样横行。

事前检疫容易造成权力寻租。检疫人员对其检疫的结果并不承担任何的责任，而这个检疫结果对某些人/单位又是必需的，那么就很容易将这个结果拿去卖钱。

事前检疫使注水猪肉"合法"，因为一切手续都是齐全的。注水猪肉就可以大摇大摆走进各大商场，追究起责任来，谁都没有错，打起官司来，顾客也不能胜诉。

既然事前检疫起不到任何作用，反而会带来负面的影响，那就撤销掉好了，还可以为纳税人减轻一些税赋，减少政府机关腐败的概率。

方法二是增加惩罚性赔偿。

我国的民事赔偿制度遵循"填平原则"，即权利人损害多少，侵权人就赔偿多少。根据《消费者权益保护法》，买到假货可以要求双倍赔偿。但双倍赔偿在现实中很难实现。这样的一些规定不利于打击注水猪肉。

往猪肉里注水其实目的很简单，就是将水买到肉价，无非是多挣几两银子。为了几两银子而置众多消费者的生命健康于不顾，是因为他们不需要为此承担任何的责任。那么我们治理起来也就简单了，"加大处罚的力度，让他们得不偿失"，这种赔偿是延及生产者和销售者的，也就是说商场也要承担责任，像国外那样动辄是数百万的赔偿。

事前检疫改事后检疫比较简单，不盖那些章，大家都省去了麻烦。但是我们目前没有处罚性赔偿制度，这个也不是太难，可以先由最高法院出个司法解释应急。

没有事前的检验，猪肉的生产者和销售者就要对产品的品质承担连带的担保责任，出现质量问题，两者都要承担赔偿责任，由于巨额的赔偿，大家各自都会切实把好质量关，不可能再往猪肉里注水了。

任何消费者，不管他是不是知假买假，如果发现猪肉里

注水，都有权主张权利。通过诉讼，他们可以获得高额的赔偿，消费者会积极主张自己的权利。

这个主张权利的过程，没有任何产生权力寻租的空间，解决的过程将是公正的。你说猪肉注水了，就要提供证据。消费者自行去找检验机构，因为不存在任何利害关系，检验结果会公正，主张权利通过的是司法程序，这也是比较公正的。

整个治理框架中，政府行政机关不需要做任何事情，有效减轻了他们"繁忙的公务"；所有费用都由当事人自行承担，有效节省了行政费用。

正如上文所示，演讲材料的选择要通俗，要选择大多数人都知道的、听得懂的，而不能选择太生僻的、很少有人知道的。因为演讲是一种即时表演，听众没有时间去验证或查找这些材料的内容或是出处。因此，在准备演讲之前首先要了解听众的情况：他们是些什么人，他们的思想状况、文化程度、职业状况如何，他们所关心的问题是什么，等等。掌握听众的特征和心理，在此基础上恰当地选择材料、组织材料，是演讲成功的必要条件。

7. 掌握演讲的艺术手法

要掌握正确的演讲口才培训方法，必须寻求科学的训练途径。有了这些，再加上刻苦的实践，就能尽快提高演讲者的能力。

以下是培训演讲口才的简单方法：

（1）幽默生动，耐人寻味

幽默的含义是有趣或可笑而意味深长。如果只有前者，即只是有趣或可笑，而并无深刻的含义，则不是幽默，只能称作滑稽或噱头。幽默作为一种最生动的表现手法，也大量被用在演讲中。

演讲过程中使用幽默的手法，更能使你的演讲情趣盎然、引人入胜。例如：

普列汉诺夫有一次在日内瓦做关于《无产阶级与农民》的演讲，当时会场乱哄哄的，几乎使演讲不能继续下去。这时，普列汉诺夫双手交叉放在胸前，用嘲笑的目光扫视着会场。当台下逐渐平静了些时，他大声说："如果我们也想用这种武器同你们斗争的话，我们来时就会……（他停顿了一下，大家以为他会说，带着炸弹、武器、棍棒，然而他说出的话却出人意料。）我们来时就会带着冷若冰霜的美女。"此语一出，整个会场笑声一片，甚至连一些反对者也笑了起来。这时，普列汉诺夫抓住时机，话锋一转，将演讲引入了正题。

幽默不仅在一般演讲场合中得到广泛应用，而且在政治场合也开始广泛使用。据说美国总统林肯枕边经常放着一本《哈罗笑

话集》，他能熟练地把幽默恰如其分地应用到自己的演讲中去，被美国人民称为"最大的总统"。

莎士比亚说："幽默和风趣是智慧的体现。"健全、热情、具有人情味的智慧就是最好的幽默，这种幽默的正确使用，会使我们的演讲魅力无穷。

（2）格言警句，增光添彩

哲理法一般是指格言、警句在演讲中的运用。人们将启迪睿智和含有深刻哲理的语言，称为格言警句。它是人们对事物与人生认识的高度概括和总结，它比一般的道理更深刻、更凝练、更富有启迪作用。

例如：胡适的《毕业赠言》中有这样一段话：

诸位，十一万页书可以使你成为一个学者了。可是，每天看三种小报也得费你一点钟的工夫，四圈麻将也得费你一点钟的光阴。看小报呢？还是打麻将呢？还是努力做一个学者呢？全靠你们自己的选择！

易卜生说："你的最大责任是把你这块材料铸造成器。"

学问便是铸器的工具，抛弃了学问便是毁了你自己。

再会了！你们母校眼睁睁地要看你们十年之后成什么器。

一位著名作家曾经说过："要有光，太阳的光是不够的，还要有心灵的光。"我们英雄战士的信念，不就是这种心灵的光吗？

（3）故事穿插、喜闻乐见

穿插法，是指演讲者为了更好地阐述自己的观点和主张，在演讲中穿插一些故事、笑话、趣闻、诗词、歌曲等的方法。这种方法能活跃气氛、激发听众情绪，能使理论深入浅出，给听众留下深刻的印象。

（4）情深意切，催人泪下

抒情法就是演讲者在演讲中，以抒发自己的感情来引起听众共鸣的方法。演讲中，善于并巧妙地运用情感，使听众不仅晓之以理，而且动之以情，从而增强演讲的感染力，激励听众投入行动。

作为演讲口才培训方法之一的抒情法，一般可分为直接抒情和间接抒情两种。

直接抒情，它是强烈的、集中的、鲜明的，没有隐讳，直抒胸臆，风格明快。

振鹏在他的《欢迎你到宝鸡来》的演讲中这样说：

掀开历史堆积在我们身上的层层黄土，凭着西北汉子特有的大嗓门，唱着粗犷豪放的关中道情，我来了！从一个远古的神话传说中，从二郎神杨戬的脚下，像一只直插云霄的金鸡，我飞进了祖国的这一片繁华之乡、锦绣之地。

这是融情于理的抒情。演讲者的真挚恋歌句句唱在情与景交融的主旋律上，使听众对这座八百里秦川西部、秦岭之阴、渭水之滨的明星古城留下了难以磨灭的印象。

李燕杰的演讲中，善于用情理交融的手法，抒发深切的感情，阐明深刻的道理。例如有一次谈到"爱情真谛"时，举了《红楼梦》中宝玉与黛玉的爱情故事：

为什么宝玉把爱情转移到了潇湘馆呢？这不仅仅是因为黛玉有妩媚的容貌，更主要的是黛玉追求高尚的精神生活，有与腐败

的现实生活相悖的丰富内心世界。是因为他俩有共同的理想、共同的爱憎、共同的语言。他俩相亲相爱，黛玉每天用高尚的、纯洁的、专一的爱情影响着宝玉；宝玉每天用自己美好的心灵影响着黛玉。正如王熙凤所说，黛玉如同一盏美人灯，这盏小灯是不用油点燃的，而是用她的爱情和辛酸。在那漫长的如漆一般的封建黑夜里，正是这盏灯，照亮宝玉的爱情道路，使宝玉的精神境界得到升华。

在这里，作者以其准确、精练的语言，道出了一个天经地义的爱情道理，这仿佛是一曲人性的颂歌，催人上进。

（5）制造悬念，刺激听众

悬念法是指演讲者在演讲中有意提出问题，设置疑问，引而不发，以激发听众好奇心和求知欲的艺术手法。

悬念法经常用在演讲的开头，以引起听众好奇，吸引听众注意，促使听众积极思考。

例如：

复旦大学曾举行过"青年与祖国"的演讲比赛，前面有五六个同学讲过了，会场始终嘈杂不堪。

最后一位同学上场，开头就说："我想向诸位提一个问题。"

这时会场开始静下来，接着演讲者又说："谁能用一个字概括青年和祖国的关系呢？"

这时的会场便十分安静了，演讲者按照既定的准备讲了下去。

演讲中巧设悬念，常用设问的手法。设问是一种无疑而问，也能使听众产生悬念。例如，周乐彬的演讲《"美人"——中国的脊梁》，别开生面地叙述了42岁的男性公民，北京《辅导员》杂志评选出的全国"四大美人"之———湖南省隆回县建华乡少先队辅导员阳恩成筹资办学的事迹。作者在演讲中发问：

同志们，什么叫美？阳恩成用自己的人生实践回答了美的概念，唱了一首最美的歌，写了一首最美的诗，给共产党员做了一个关于"美"的标准答案：美，就是给予；美，就是奉献；美，就是"要求于人的甚少，给予人的甚多"；美，就是"吃的是草，挤出的是奶、是血！"……

设置悬念的方法很多，我们必须精心选择既能扣住演讲主题，又能激发听众好奇心和求知欲的话题，作为悬念法的依托，充分发挥悬念在演讲中的应有作用。

第二章　大胆去说，
突破自身心理上的障碍

　　大凡不善于在众人面前讲话的人，在其诸多原因之中，最主要、最根本的原因是心理上的障碍，缺乏临场的心理训练。所以，要想演讲不紧张，首先要做的就是消除对演讲的恐惧心理。在今天，演讲能力的高低直接影响到一个人日常生活的方方面面。到了突破你的心理障碍，训练你演讲能力的时候了。

1. 克服演讲的紧张心理

如果想克服演讲的紧张心理，先要弄清自己为什么害怕当众说话，只要对症下药，只要肯多下功夫，就会把它变成一种助力，而不是一种阻力了。

爱默生说："恐惧较之世上任何事物更能击溃人类。"诚然，有过公共演讲经历的人都知道，很少有人能够做到心情平静、信心十足地登上演讲台。有些人因为紧张、害怕甚至不敢说话，或者说话显得拘谨、不自然。

路瑟·古利克在他的《有效率的生活》一书中说："10个人中，找不到一个能让自己保持最佳姿态的人……你一定要把脖子紧紧贴住衣领。"他建议人们每天都进行这种练习："缓慢地吸气，但要尽量用力。同时，把颈部紧紧贴住衣领。即使是很夸张的动作，也不会有害。这样做的目的是直接让两肩间的背部能挺直。这也会使胸部加厚。"

疯狂英语的创始人李阳，在人们心中的名气可是不小了。但李阳并非生来就是英语天才。小时候的李阳害羞、内向、不敢见陌生人、不敢接电话、不敢去看电影。1986年，

李阳从新疆实验中学高中毕业，经过一番拼搏，考进兰州大学工程力学系。第一学期期末考试中，李阳名列全年级倒数第一名，英语连续两个学期考试不及格。大学二年级上学期即将结束的时候，李阳已是13门功课不及格。

偶然的一次，李阳发现，在大声朗读英语时，注意力会变得很集中，于是他就天天跑到校内的空旷处去大喊英语。为了坚持下去，他想了两个办法：一是告诉很多同学他要每天坚持学英语、喊英语，使自己的心理上产生如果一旦放弃别人会一起嘲笑的刺激预期；另外，他还邀请了班内学习认真的一位同学陪着他一起大喊英语。经过不懈的"疯狂"，在当年的英语四级考试中，他的成绩高踞全校第二名，一向考试总不及格的李阳突然成为一个英语高手。

初尝成功的李阳，从此开始迈上奋发进取的人生道路，他发现，在大喊的时候，性格开始发生改变，内向、自卑、害羞等人性的弱点在大喊的过程中被击碎了，精力更加集中，记忆更加深刻，自信逐渐建立起来。这种方法在他的身上实践成功！于是他暗下决心：疯狂到底！李阳对"疯狂"的解释是：百分之百的投入！忘我、忘物、忘时！排除一切杂念，克服胆怯，树立信心！打破传统、突破极限、淋漓尽致地挑战自己的潜能。

著名演讲家刘景澜认为，演讲也是这样，只有不怕当众丢脸，敢于当众登台，才会从害怕讲到不怕讲，从不会讲到会讲，从讲不好到讲得好，直至最终取得演讲的成功，获得掌声与喝彩。

那么如何克服怯场的心理呢？以下几点方法供大家参考。

（1）做好准备

林肯曾说："我相信，我若是无话可说时，就是经验再多、年龄再老，也不能免于难为情的。"对付怯场最有力的武器就是告诉自己对本次演讲做了十分充分的准备，自己的选题不仅对自己而且对听众也很有吸引力，而且还收集到了大批的资料；演讲稿也紧扣主题，已经反复练习了多次。

（2）减少心理压力

不要把目标定得过高，对于不切实际的期望要有客观的分析。如果把演讲的意义片面夸大，甚至把演讲与个人终生的成就、事业和幸福等紧紧联系在一起，演讲还未来临，就已经是惶惶不可终日了。要学会给自己放松，在演讲前，可以做做深呼吸，目的是给自己提供充分的氧气，帮助自己在演讲中更好地控制声音；同时，也可以转移自己的注意力，积极听取别人的意见，这样可以更好地放松身体和思想。

英国戏剧大师萧伯纳，年轻时口拙而木讷，刚到伦敦时，拜访朋友都不敢敲门，常常要在人家门口徘徊20分钟。后来，他鼓起勇气参加了"论辩学会"。为练胆量、练演讲，他不放弃一切机会同对手争辩。经过一段时间，终于从害怕讲话到喜欢讲话到能言善辩，成为著名的社会活动家和演讲家。

他一生共做过700多次成功的演讲。有人问他是怎样练演讲的，他说："我是以自己学溜冰的办法学讲话——我固执地、一味地让自己出丑，直到习以为常为止。"

（3）临场发挥

逐字逐句地背诵讲稿，很容易在面对听众时遗忘，即使没忘，讲起来也会显得十分机械化。美国总统林肯曾说："我不喜欢听刀削式的、枯燥无味的讲演。"背演讲稿对演讲者可能是一种必要的准备方式，但是，背诵依赖的是机械记忆，逐字逐句的记忆不仅耗费演讲者大量的时间，而且容易形成演讲者心理麻痹。实际的演讲过程中，一旦出现怯场、听众骚动、设备故障等突发事件，就容易出现"短路"现象。因而，在准备演讲中我们只要准备好大概的提纲，根据自己的语言、思路充分发挥，就更能打动听众。

（4）处理"怯场"要冷静

在1988年汉城奥运会上，称雄排坛数年的中国女排，在与苏联队的一场比赛中，不仅以0：3败北，而且第一局竟创纪录地吃了0分，其中最主要的原因不在于技术基础，而在于心理的崩溃。

演讲中的怯场同样也是一种心理崩溃的反映。事实上，当怯场现象发生时，只要有所准备，掌握必要的技巧，也可以顺利度过这一危机期。当意识到自己出现怯场现象时，不要惊恐慌乱，抱着平常心的心态，不要好强求胜，也不要过分地强调自己的怯场紧张心理。通过呼吸调节法消除自己的紧张感，采用这种方法可以消除杂念和干扰。当自我感觉十分紧张时，有意识地控制自己的情绪。要时时记住，既然你自己下定决心，那就大胆而为，并深深地呼吸吧。事实上，在开始演讲之前，应深呼吸30秒，这样所增加的氧气供应可以提神，并能给自己勇气。

2. 控制演讲时的音量

在现实生活中，不乏声音洪亮的"高音男"，每当他们说话的时候总给听众一种"打雷"的感觉。与此相对，那些声音细小的人，每当他们发言的时候，人们总是需要竖起耳朵来听。这两种音量都会影响演讲的效果。

如果你处于声音嘈杂的环境中，为了较好地表达自己的意图，不得已需要提高声音说话，但平时就没有必要大声说话。试想四周一片宁静，或树下谈心，或围炉叙旧，如果有人高声谈话是何等煞风景啊！在客厅里，过高的声音会使主人讨厌；在公共地方，同伴更会觉得难堪。

每个人的音量范围可变性很大，有的高，有的低，说话时、演讲时必须善于控制自己的音量。高声尖叫意味着紧张惊恐或者兴奋激动；相反，如果你说话声音低沉、有气无力，会让人听起来感觉你缺乏热情、没有生机。

刘娜是一家IT公司的资深业务经理，她最关心和留意客户的销售问题，并总是乐于帮助他人解决，但她的声音却让人听来讨厌，那尖叫的声音让周围很多人感到厌倦。她的老板私下说，我很想提升她，但她的声音又尖又孩子气，让人感到她说的话缺乏分量。我不得不找一个声音听起来成熟、

果断的人来担任此职。显然，刘娜就是因为自己说话的音量不合适而失去了提拔的机会。

当你想使自己的话题引起他人兴趣时，便会提高自己的音量；或者为了获得一种特殊的表达效果，又会故意降低音量。但大多数情况下，在公众场合应该在自身音量的上下限之间找到一种恰当的平衡。

其实，语言的威慑力和影响力与声音的大小并非等同。不要以为大喊大叫就一定能说服和压制他人，声音过大只能迫使他人不愿听你讲话或讨厌你说话的声音。每个人说话的声音大小有其范围，你可以试着发出各种音量不同的声音，并仔细听听，找到一种最为合适的声音。

演讲时音量的高低是否恰当、适度，直接影响着你的演讲内容，左右着听众的听觉感受、精神状态，甚至关系到整个演讲的成败。缺乏经验的人在这方面往往认识不足，有人气如牛、声如雷；又有人有气无力，声音出不来；还有人忽而大声，忽而小声，一下提高声调，一下压低嗓音，让人弄不清他的用意。

或许有人会说："大声疾呼才是胜利者。"这是因为声音大，具有扰乱对方说话的作用。比如，大声呼叫与开怀大笑的政治家，不论其说话内容如何，至少比音量低的人更易给人留下豪放、磊落与大胆的印象。事实上，也许大声可让对方惊讶，但大声疾呼的人只是企图利用"威吓效果"让自己处于优势。

音量的突然改变，同样具有特殊的效果。比如向来声大如雷的人，如果突然变得轻声细语，会带给对方何种反应呢？一般而言，"轻声细语"让人联想到悄悄话或秘密。因此，当对方忽然降低音量时，即使不是重要内容，也会让人自然而然去细听话中的内容。

3. 调节演讲时的语调

在演讲中，同样的内容用不同的语调会给听众产生不同的效果。因此，语调可以成为你说话时的一柄"利器"，带给听众别样的体验。

可以说语调是语言表达的第二张"王牌"，所谓语调，就是说话的腔调。在演讲中，语调往往比语义能传递更多的信息，能对听众的心理产生极其微妙的特殊作用，因此更为重要。

在俄罗斯有位明星，人们都称她为叶卡夫人。一次她到美国演出时，有位观众请求她用俄语讲台词。于是她站起来，开始用流畅的俄语念出台词。观众们虽然不了解她台词中的意义，却觉得听起来令人非常愉快。

叶卡夫人接着往下念后，语调渐渐转为低沉，最后在慷慨激昂、悲怆万分时戛然而止。台下的观众鸦雀无声，同她一起沉浸在悲伤之中。而这时，台下传来一个男人的笑声，他就是叶卡夫人的丈夫，因为他的夫人刚刚用俄语背诵的是九九乘法表！

从中我们可以看到，语调的不同竟然有如此不可思议的魅力。即使不明白其意义，也可以使人感动，甚至可以完全控制听众的情绪。

此外，语调还起着润色语言的作用，它可以促进思想沟通，使语言表达更加清晰明确，从而增强语言的表现力。因此，学会运用语调，对于提高演讲的表达能力是十分重要的。

语调可以反映出你说话时的内心世界，表露你的情感和态度。当你生气、惊愕、怀疑、激动时，你表现出的语调也一定不自然。从你的语调中，人们可以感受你是一个令人信服、幽默、可亲可近的人，还是一个呆板保守、具有挑衅性、阿谀奉承或阴险狡猾的人。你的语调同样也能反映出你是一个优柔寡断、自卑、充满敌意的人，还是一个诚实、自信、坦率以及尊重他人的人。

所以，演讲时，要能够渗进人们心中，这样才能达到说服别人的目的。因此，在表示有疑问的时候，你可以稍微提高句尾的声音；要强调的时候，声音的起伏可以更大些；要表现强烈的感情时，可以把调子降低或逐渐提高。

总之，绝对不要使你的语气单调，因为音阶的变化会加强你的说服力。你的热情会在音阶的变化中展现，并且能够感染听者，从而产生说服力。

那么，怎样才能使语调生动有趣、感染听众呢？

（1）掌握有特色的各种句调

一句话富有表现力，因为它声音有高有低、有快有慢。一句话声音的高低变化叫作句调，句调是语调中的主要内容。句调可分升调、降调、曲调、平调4种，升、降、曲、平四调各具特色。只有掌握句调的特点，才能灵活表达出各种句调。

（2）语调抑扬顿挫

抑扬顿挫的语调能细致表达思想感情和语气，使语言更富有吸引力。语调越多样化，越生动活泼，其吸引力就越大。同样一句话，由于语调不一，就可能给人不同的理解，文明语言可能揭示不尊敬对方的信息；相反，有些不礼貌的语言在非常亲近的人当中，却给人揭示一种亲密无间的信息，关键在于语调分寸感的使用。

（3）控制说话的轻重快慢

人们说话都有轻重快慢之分。一般来说，重要的词语或需要强调的内容说得重些。说话轻重适宜，能使语意分明、声音色彩丰富、语气生动活泼、语言信息中心突出，从而引起听者的注意，引导听者的思路，易于被人理解和接受。

4. 控制演讲时的语速

在演讲的时候，有的人说话很快，而有的人吞吞吐吐。这就是不善于运用语速技巧，从而影响表达效果的表现。

交谈中，如果讲话的速度过快，经由耳朵传至大脑的信息过于集中，会使人应接不暇、顾此失彼，甚至搞得人精神紧张。有

一位秘书由于语速过快，使上司不胜其烦，只得提出：如果她不放慢语速，就只好请她离开，以保持自己的神志清醒。

虽然有些人说得快而清楚，可大多数人却是快而含混，再加上听众的接受能力各有差异，很多人听了等于没听。因说话太快而致字音不清，固不足道，即使快而清楚，也不足为法。你虽有说话快的本领，但听者不一定有听话快的本领。说话的目的在于使人全部明了，别人听不清楚就是白费口舌。因此，训练自己演讲时，要声音清楚、快慢合度。说一句，人家就听懂一句，不必再问，你要明白的是，陌生人或职位低的人是不大敢上前请你重说的。

要是说话太快，别人就听不懂你在说什么，而且还会令人喘不过气来。但是太慢，人们根本不听你说。适当的说话速度约为每分钟120个字至160个字。朗读的速度通常要比说话稍快，说话速度不宜固定，因为思想、情绪会影响音速。增加效果的停顿及速度变化都能丰富句子的表达。

就听众对象来说：一些年轻的听众，精力充沛，反应灵敏，他们的思维和举止很敏捷，可快一点；对小朋友、老人家演讲，因为他们接受迟缓，反应不快，可把音节的时值拉长，语流中间停顿可久点，停顿的次数可多些。

就内容感情来说：讲述一些热情、紧急、赞美、愤怒、兴奋之类的内容时，不能以"毋庸赘言"代替，叙述那种无法控制的感情，即表示激动的态度时、叙述进入精彩高潮时等可以速度快点。表现一些平静、悲伤、庄重、思考、劝慰之类的内容时，讲述一些需要听众特别注意之事时，讲述有关数字、人名、地名时，引起疑问之事时要慢点。

就环境而言：演讲场合大的，速度可慢点；场合小的可快点；听众情绪受到干扰时慢点，情绪旺盛时快点。

下面以亨利的演讲《诉诸武力》的结尾处为例进行说明：

> 回避现实是毫无用处的。先生们会高喊："和平！和平！"但和平安在？实际上，战争已经开始，从北方刮来的大风都会将武器的铿锵回响送进我们的耳鼓。我们的同胞已身在疆场了，我们为什么还要站在这里袖手旁观呢？先生们希望的是什么？想要达到什么目的？难道生命就那么可贵？和平就那么甜美？竟值得以戴锁链、受奴役的代价来换取吗？全能的上帝啊，阻止这一切吧！在这场斗争中，我不知道别人会如何行事，至于我，不自由，毋宁死。

这段演讲，开始几句平稳缓慢，从内心发出质问："和平安在？"接下来加快，说明现实的严酷。演讲者激情迸出，向"先生们"发出串串质问。

"全能的上帝啊，阻止这一切吧！"这里呼唤上帝，乞求得到一种救世之法，发于心中，速度可慢。最后"不自由，毋宁死！"戛然而止，猝然停顿，感情达到高潮。

语速同声调一样，按一定节律变化，即构成一种节奏美。语速的变化，可以淋漓尽致地表达说话者的感情。确定基本语速，并不是从头至尾一个速度、一种节奏，并不是"和尚念经"，正确的做法是根据语境变化而变换语速。

5. 在演讲中运用好体态语

体态语是通过眼神、面部表情、手势、姿态等人体动作来表情达意的，它具有将有声语言形象化、生动化的效果。因此，在演讲过程中起着十分重要的作用。

（1）辅助或强化有声语言，给听者以完整的印象

有声语言在表情达意上并不是没有局限性的。有时候，口语表达者出于某种目的或原因，常常把所要表达的意思一部分甚至大部分隐藏起来，而造成"词不达意""言不由衷"的结果。从听者的角度来看，有声语言的这种无形性、隐藏性和间接性，往往叫他们难以"尽解人意"。于是，双方的交流和沟通就有了很大的障碍。

而体态语则有效地弥补了口语表达的不足。如果说有声语言主要是诉诸人的听觉器官，那么体态语则主要是诉诸人的视觉器官，只有视、听作用双管齐下，才能给听众以完整、确切的印象。

体态语的辅助作用，还体现在说话者有意无意地通过体态语来加强表达效果，强化主体信息表达的感染力。它直接作用于听众，能够让听众更直接、更有效、更全面地接收信息。

具有这种强化作用的体态语言，有时是无意识的，即不自觉地用体态语加强表达效果。如我们说"请""请进"时，会不

自觉地身子向前倾，一只手向一侧伸，做个"请"的姿势；而说"再见"时，一只手在面前挥来挥去；赞美某人、某事"很好"或"非常棒"时，会不自觉地伸出右手或左右两手的大拇指；而营业员回答顾客"对不起，这批货没有了"时，会不自觉地两手一摊，做"没有了"的动作。所有这些，都是一些无意识的动作，而这些体态语却有力地强调了有声语言的内容。

另一种强化则是有意识的，或者说是主动设计的一些体态语，以加强有声语言的表达效果。如在演讲中，最后的结束语，为体现出号召、希望和决心，而有意设计的推掌和压掌的动作。当讲到"我们要排除万难，去争取胜利"时，用一个推掌手势，便能强调其内涵和感染力。

（2）有时甚至可以取代有声语言的表达

在一些特定的场合，无声语言完全可以不依附于有声语言而独立传情达意，表现主体的思想感情。有时，甚至用无声语言才是最佳的选择，起到"此时无声胜有声"的作用。

如有意识地停顿、沉默，只用体态或表情传递信息，在社交活动中往往能起到意想不到的作用和效果。如演讲或交谈时，为表达一种沉痛的心情，低着头、面带忧伤、沉默无语；或在谈判过程中，神情专注，认真倾听，不发一言；营业员、服务员面对无理取闹的旅客和顾客，不与之争辩，却始终面带微笑。这些体态语言的确是滔滔不绝的口语表达所难以替代的，它不仅能准确地传递某种信息，而且弥补了用有声语言表达带来的不足、缺陷或不良效果。所以，在人际交往、在社交活动中，适当运用体态语，取代有声语言的表达，效果会更好。

（3）显示一个人的气质和风度

有声语言能显示主体的文化程度、个性特征，展示主体的个性魅力。但若要充分展示自己的气质、风度，光靠从容、流利、幽默、机智的谈吐显然是不够的，还需要无声语言的密切配合。

在演讲时运用体态语言，应遵循以下原则：

（1）与口头语同步进行

体态语的重要功能是辅助有声语言的表达，因此，在使用体态语时，应与口头语同步进行，有机地配合口头语的表达，而不能与口头语脱节。如果两者分离，就会弄巧成拙。如表现欢快的内容，却是悲悲切切的表情；表现感伤的内容，却又面带微笑，显然很不协调。在讲话中，如果体态动作和讲话不一致，往往会给人一种不真实、虚伪或有意掩饰什么的感觉。

所以，在讲话中，尤其应注意体态语与口头语的配合一致。只有语言表达清晰、响亮、准确、有感情，同时配以得体的表情、动作、姿态，才能给人留下美好的立体形象。

（2）恰到好处，适可而止

体态语尽管在演讲中有着很大的作用，但它毕竟是作为讲话的辅助手段而存在的，多数情况下不能脱离口头语而存在。所以，我们运用体态语要适度，恰到好处，不可喧宾夺主。如果每句话都用上一个表情或动作，或者搔首弄姿、手舞足蹈、随意发挥，反而会弄巧成拙、令人反感。比如，一个人与别人交谈时，或倾听别人谈话时，总是挤眉弄眼、手脚动个不停，只会弄得对方不安，不会认真倾听你的讲话或耐心与你交谈，甚至调头就走。所以，口才主要体现在口头语的表达上，体态语只能作为一种辅助手段，在运用过程中不能过多。一举手、一投足都要恰到好处，适可而止。

（3）切合语境，符合身份

在不同场合，应有不同的体态。喜庆的场合要兴高采烈，甚至可以翩翩起舞，但在严肃的、庄重的场合就不能高声说笑、手舞足蹈。应该指出，在演讲时，经常可以见到一些不良的坐姿、立姿，不良的行为动作。这种不文明行为与周围的环境不相协调，也必定影响讲话的效果。应该强调，在一些正式场合要注意运用符合语境的体态语，不可随随便便、轻率粗俗。

同时，体态语的运用，还要符合表达者的身份。一般来说，中老年人要稳重老成，不能有轻佻的动作和表情，青少年则要活泼大方，不要故显老成持重。

总之，切合语境，符合身份，也是运用体态语必须遵循的一条原则。

6. 演讲中姿态的运用技巧

姿态包括站姿、坐姿和步姿。我国的传统是很重视人的姿态的，认为这是一个人是否有教养的表现，因此，素有大丈夫要"站如松、坐如钟、行如风"之说。

在演讲中同样要注意自己的姿态。如果你在讲话时耷拉着脑袋，显出无精打采的样子，对方就会猜想可能自己并不受欢迎；

如果你不正视对方、左顾右盼，对方就可能怀疑你是否有讲话的诚意；如果你双眼朝天、趾高气扬，对方就可能认为你目中无人、不可接近；如果你点头哈腰、谦虚过分，对方又可能怀疑你讲话是否别有用心。所以，在演讲中，一定要注意自己的姿态，不卑不亢，落落大方。

一般来说，不同的场合、不同的对象，应该采取不同的姿态，要因人、因地而异，不存在一种固定的模式。但是，其中也具有共同性的要求，这就是：

（1）站要有站姿

一位在公众场合中受人欢迎的人，最重要的是要具备正确的站立姿态。因为站姿是我们日常生活中在正式或非正式场合第一个引人注视的姿态。优美、典雅的站姿是展现人的不同动态美的起点和基础，它能衬托出美好的气质和风度。

站姿分单人站姿和双人（或多人）站姿两种。

单人站立时，对姿势的基本要求是：全身笔直，挺胸收腹，略微收臀；精神饱满，两肩平齐，两眼平视，面带微笑；两臂自然下垂，手指自然弯曲；两手可在体前交叉，一般是右手放在左手上，肘部应略向外张；两腿要直，脚要并拢，膝盖放松，大腿稍收紧上提，身体重心落于前脚掌；站累时，脚可向后撤半步，但上体仍然保持正直。

在公众场合应该避免的站姿是：弯腰曲背，甚至出现佝偻状，这是自我封闭或惶恐不安的表现；两腿交叉站立，给人以不严肃的感觉；双手或单手叉腰，这种站法往往含有进犯之意；身体抖动或晃动，给人以漫不经心或没有教养的感觉；双手插入衣袋或裤袋中，显得不严肃或拘谨小气；双臂交叉置于胸前，显示出一个人消极和防御的态度等。这些不良站姿都有碍于潇洒风度的展现，应注意克服。

在很多场合，总有多人站在一起讲话的情况，这时，也应注意站姿。两人关系和平、友好，可并肩而立，或相对站立，站立姿势可在标准站姿基础上灵活运用，但也应克服上述应避免的不良站姿。两人地位不同，关系较远，就不能并行而立，如领导和下属站着交谈时，就应相对而立。领导和下属都应自然站立，领导身子可稍向后仰显示自信，但不能过分自傲，下属身子可稍向前倾显示恭敬，但不能过谦卑，要掌握好分寸，恰到好处。多人交谈可围成一个圈；至于多人并肩站立，那是受同一约束力的约束，像军警、体操队形、队列，就常用这种站姿。

（2）坐要有坐相

古人所谓"站如松、坐如钟、行如风"，就是对站姿、坐姿、步姿的通俗要求。其中对坐姿的要求就是：坐姿文雅、端庄，要像钟，给人以沉着、稳重、冷静的感觉。良好的坐姿也是展现自己气质和风范的重要形式。

良好坐姿的基本要求是：上身端正挺直，肩部放松，手可放在腿上或椅子的扶手上，两腿并拢或稍微分开。女性可以采取小腿交叉的姿势，但不可向前伸得太远，男性可以搭腿，但不能翘得太高，不能抖动。不管是坐在凳子上还是沙发上，落座都要轻、要稳，不要猛起、猛坐，弄得座椅乱响。

坐姿有严肃性坐姿与随意性坐姿两种。选用什么样的坐姿是受语境制约的，一些严肃的场合采用严肃坐姿，一些非严肃的

场合可采用随意坐姿。比如求职面试、接受领导会见、商贸正式谈判等，这些场合都应采取严肃坐姿，即欠身前坐或浅坐椅子边上，表示对对方的礼貌和尊重。而随意坐姿的运用则相当广泛，按腿、手等辅助动作的不同又可分为双腿交叉坐姿和搭腿坐姿，前者女性运用较多，显露出庄重、矜持的心态；后者男性运用较多，暗示出一种争辩或竞争性的心态。还有一种就绪坐姿，即倾身向前，双手扶在膝盖上或扶在椅子两边的扶手上，两眼凝视对方，呈聚精会神地思考问题的状态。在商贸洽谈时，如客户先是捋捋下巴，然后又做出这种就绪姿势，这就证明他的态度是积极的，表明他有意订货；相反，如果客户坐在那里，先是双腿、双臂交叉，然后才显出一种就绪坐姿，这证明他的态度是消极的，没有订货诚意，是想终止洽谈的人体信号。作为洽谈主体，应善于从客户的坐姿中捕捉他们的心理。

（3）步姿要优美大方

无论是在公共场合，还是在日常生活中，步姿都是"有目共睹"的肢体语言，往往最能体现一个人的风度、风采和韵味。优美的步姿会使身体各部分都散发出迷人的魅力。

良好的步姿应该是：上体正直，抬头，下巴与地面平行，两眼平视前方，精神饱满，面带微笑；跨步均匀，一般情况下男士步幅40厘米左右，女子30厘米；步伐稳健，步履自然，要有节奏感；身体重心稍稍向前，脚尖微微分开，避免"外八字"或"内八字"迈步，两手前后自然协调摆动，手臂与身体的夹角一般在10度至15度。

在公众场合，应根据不同语境表达的需要选用不同的步姿，但都要克服一些不良的步姿。比如，走路时身子乱晃乱摆；头抬得很高，双手反背于背后行走；"外八字"，而且一摇一摆，像鸭子走路；步子很大或很小等。这些不良步姿，是很令人讨厌的。

7. 演讲中眼神的运用技巧

在面部表情中，最生动、最复杂、最微妙也最富有表现力的莫过于眼神了。眼神又称目光语，是运用眼的神态和神采来表达感情、传递信息的一种无声语言。

在体态语言中，眼睛最能倾诉感情、沟通心灵。眼神千变万化，表露着人们丰富多彩的内心世界。

不同的眼神可以表达出不同的思想感情：眼神明澈、坦荡，表明为人正直、心胸宽广；眼神熠熠生辉，表明精神焕发、勇于开拓；眼神执着、热情，表明坚定自信、奋发向上；眼神狡黠、阴诈，表明为人虚伪、心地卑劣；眼神飘浮游移，表明为人轻薄、心胸狭窄；眼神晦暗生涩，表明屈服命运、不求上进；眼神如蛇蝎蛰伏，表明邪恶、刁钻……在与人接触时，正视对方，表明对对方的尊重；斜视对方，表明对对方的蔑视；看的次数多，表明对对方的好感和重视；看的次数少或不屑一顾，表明对对方的反感和轻视；眼睛眨动的次数多，表示喜悦和欢快，也表示疑问或生气；眼睛眨动的次数少甚至凝视对方，表示惊奇、恐惧和

忧伤；如果不敢直视对方，可能是因为害羞，也可能有什么事不愿让对方知道；如果怀有敌意的双方互相紧盯着，其中一方突然把眼光移向别处，则意味着退缩和胆怯；如果谈判时有一方不停地转动着眼珠，这就要提防他出什么新主意或坏主意；如果是频繁而急速地眨眼，也许是表示羞愧、内疚，但也可能表明他在撒谎……总之，不同的眼神表达的思想感情是极其复杂和微妙的。

在不同场合，眼神的运用有不同的技巧。我们只有正确运用这些技巧，方能取得最佳效果。

（1）与陌生人交谈时眼神的运用技巧

刚刚与陌生人开始接触时，眼神不能直视对方，死盯着一个陌生人看是不礼貌的行为，也会使对方感到不自在。观察陌生人的方法一般都是先看一眼，然后转视他方或四周。如当顾客走进旅店时，旅店服务员用眼神注视一下对方，面带微笑，配上一句"欢迎光临"，便完成了整个欢迎的过程。如果服务员对某位顾客凝视不止，就意味着不再是把顾客当作服务对象，那就会让顾客产生误解，甚至产生讨厌的情绪。

大多数人是有意与陌生人交往的，如谈判、洽谈、组织外部的公关协调等。尽管我们事先要对交谈对象做些调查了解，但初次见面也当属陌生人范畴。如有意与这些人交往，则不仅限于有礼貌地故作不经意的一瞥，而应注意仔细观察一下对方。当然，当对方也在观察你时，你应移开注视对方的目光，因为相互的对视，就如同目光争斗，含有敌对不满情绪，是不妥当的。两人之间应是对等交换观察，一人看着对方，而对方则应立刻目视他方，让其打量，当对方回看他时，他也同样避开对视，让其打量。这样相互对等打量之后，两人的目光就要有所接触，这时，双方还需采取一些明显的举动表示对对方人格的尊重。例如报以微笑、点头、问候或更为热情的举动。这样才能使双方由不相识到相识，达到沟通的目的。

同有声语言一样，目光的礼节也会因民族和文化的不同而不同。在国际交往时，要了解不同民族、不同国家的人们的目光礼节。如美国人使用目光相互打量的次数多于亚洲人，他们习惯于在正式谈话时看着对方的眼睛，如果看着别处就会被看作是一种失礼行为。而在面对面交谈时，日本人的目光一般常落在对方的颈部，对方的脸部和双眼要映入自己眼帘的外缘，眼对眼被认为是一种失礼行为。这些目光礼节，在国际商贸谈判、洽谈和外交事务中都应当特别注意。

（2）与同事、熟人、朋友交往时眼神的运用技巧

第一，与个别人交谈。与个别人进行交谈时，肯定要有目光交流。目视对方的时间约为谈话时间的一半左右。个别交谈时，一定要注意不要自始至终对视，那样会使双方都处于紧张、不自然的状态。但应经常有目光交流，如见面握手、问候时，眼睛要亲切、热情地望着对方；对谈话内容感兴趣时，可以看着对方；谈到融洽时，应有目光对流；中途想插话、打断话题或提问时，可用目光示意；对方突然改变态度、改变声调时，可用目光的对视寻找答案；谈话结束、握手道别时要有目光表示。那么，个别交谈中眼睛不看对方时应望着何处才显得自然得体呢？可以在以对方头部为中心的一平方米范围内虚视，即似看非看。这样做既不失礼貌，又不会分散听话时的精力，还可以缓解与上级交谈时

的紧张心理。

个别交谈时的目光还应注意依据内容的变化而变化。如询问对方身体状况及家人近况时用关切的目光；征询对方意见时用期待的目光；在对方表示了支持、合作的意向时用喜悦的目光；在对方带来出乎意料的好消息时用惊喜的目光。总之，应最大限度地调动眼神的表现力，创造一个最佳的交际气氛。

第二，小范围交谈。小范围交谈一般指几个人、十几个人之间的交谈。在社交活动中，这种交谈形式也很多，如小组讨论会、小型座谈会、小型宴会、小型茶话会等。在这些场合，由于一个人不可能和在场的其他所有人都有对话机会，因而就要运用目光与在场的所有人沟通、联系，不让其中任何一个人感到受了冷落。如：小型宴会上，当主人介绍同席宾客时，客人间可用目光互致问候；在小型会议上发言时，目光要顾及所有听众：时而环视听众席，时而和个别听者交流目光，时而虚视某一点，这样可使听众感到你是在对他们所有的人讲话。

第三，在大场合讲话。大场合指的是空间较大、人数较多、一个人讲而其他人听的场合，如演讲、领导致辞以及新闻发布会上回答记者提问等。在这种场合，目光要发挥控制会场、调动听众情绪、收集反馈信息等作用。如进行演讲时，演讲者走上台，开讲之前，先用自信、亲切的目光环视会场，这样既和听众进行了感情交流，又让听众预感到你的实力。演讲时，演讲人发现会场某一部分听众倾听得很专注，反应很敏锐，他会用目光与这个小群体频频对视、互相交流。当然也不能只注意与这部分人交流，而冷落了另一些听众。演讲时，演讲人的目光切不可东张西望、漫无目标，那样，即使演讲内容再生动，也难以达到与听众交流和沟通的效果。

8. 演讲中手势的运用技巧

手势无论是在交谈、谈判还是演讲中，使用的频率都很高，范围很广泛。手势能辅助有声语言表情达意，又可以展示个性风度，在"体语"大本营中，它是一个引人注目的"角色"。

按动作意义的不同，手势可分为：拱手、招手、挥手、摆手、摇手、握手等动作。按作用的不同，手势可分为如下四种：

（1）情绪性手势

即用手势表达思想情感。比如，高兴时拍手称快，悲痛时捶打胸脯，愤怒时挥舞拳头，悔恨时敲打前额，犹豫时抚摸鼻子，急躁时双手相搓；而用手摸后脑勺则表示尴尬、为难或不好意思，双手叉腰表示挑战、示威、自豪，双手摊开表示真诚、坦然或无可奈何，扬起巴掌用力往下砍或往外推，常常表示坚决果断的态度、决心或强调某一说辞。情绪性手势是说话人内在情感和态度的自然流露，往往和表露出来的情绪紧密结合，鲜明突出，生动具体，能给听者留下深刻的印象。

（2）表意性手势

即用手势表明具体内容，表达特定含义。多数是约定俗成的一些手势，含义明确。如：招手，表示让对方过来；摆手，表

示不要或禁止；挥手，表示再见或致意；竖大拇指，表示第一或赞美；伸小指，表示最小或蔑视；用手指指自己的胸口，表示谈论的是自己或跟自己有关的事情；伸出一只手指向某个座位，是示意对方在该处就座等。手势的表意动作也属于人的一种自觉动作，但也有特定场合、特殊情况下的手势表意，如聋哑人的哑语主要通过手势表意，还有交通指挥、体育裁判等，在这些公众场合，语言不便使用，人们往往借助手势表示特定的含义。

（3）象形性手势

即用手势来摹形状物。如说东西很大时，用双手合成一个大圆，说某人个子很矮时手掌往下一压等等。象形性手势能使所表达的内容更形象、更生动。

（4）象征性手势

即用手势表达某一抽象的事物或概念。如说"把革命进行到底"时，手掌用力向前方劈去；说"迎接更加美好的明天"时，张开双臂，徐徐向前；说"我们胜利了"时，双手握拳，用力向上挥动；说"必须坚决制止这种行为"时，做一个用手下砍的动作；等等。

一方要善于从另一方手的动作来猜测和判断对方的心理，以便作出针对性的反应。例如：搓手掌往往是人们用来表示对某一事情结局的一种急切期待的心理，也就是说，当人们对某事的未来结果有一定成功的把握，或是期待着成功的结果，或者在一种不知如何是好而且又急切盼望尽快知道结果的情况下，手掌所流露出来的是一种期待信号。再如，一些自信的佼佼者经常采用一种塔尖式手势，即两手伸直，两手的五个指尖并拢，放在胸前，以这种手势显示他们的高傲情绪。相反，在一些面谈或谈话过程中，如果一个人双手相握，或者不断玩弄手指，那么，他就会使对方感觉到他这个人缺乏自信心，或者显得十分紧张。还有，一个人说谎时，会不由自主地捂住嘴、捂住耳朵或用手蒙住眼睛；后悔自责时会用手搓后脖颈或拍拍前额；等等。总之，要善于观察对方的这些手势，明确其特定含义，从而掌握主动权。

第三章 拓展你的讲述方式，
让你的演讲更有表达力

随着社会的进步和发展，越来越多的职业、场合需要演讲，演讲的作用已经渗透到当今社会的各个领域：一场构思巧妙、富有哲理的演说，能使听众增进知识、明晓事理，并激发心灵上的共鸣；一场慷慨激昂的鼓动演说，可使群情激奋、人心大振。

1. 开个好头，演讲并不难

俗话说，"好的开始是成功的一半"。演讲更是这样，无论何种演讲，开头总是关键。

我们这些大学生，都像是坐在一辆公共汽车上的乘客。坐着的是名牌大学的，站着的是一般院校的，挤在车门口的则是我们这些师专生。

坐着的自命不凡、沾沾自喜；站在座椅旁边的，有些愤愤不平，总认为自己应该坐着；挤在车门口的，有人因挤上了车而暗自庆幸，但更多的人则唉声叹气，悲叹怀才不遇、错失良机，挤到了这倒霉的教书匠的角落里。

是啊，跟坐着的相比，没有那般舒适与可靠；与站着的相比，也似乎是低了一大截。

朋友，假如生活像一辆车，载着我们这些还算幸运的乘客。那么，张海迪，她的位置又在哪里？生活赐予她的，也是一辆车，但是一辆轮椅车！可是，就是在这样一辆车上，她却书写着光辉与成就。

这是在青年演讲大赛中一篇题为《强者之歌》的获奖演讲。在这篇演讲中，作者先是打了个比喻，将如今的大学生分了几个档次，对号入座——坐着的、站着的和挤在门口的，生动形象又十分具体，开篇就让听众眼前一亮。然后，自然地过渡到主题，不露丝毫雕琢的痕迹，开篇与全文达到和谐统一、浑然天成，紧扣听众的心弦。

有时候，用现实生活中的一些小事作为铺垫，创设出紧扣题旨的意境，并由此触景生情、升华主题，也可以使演讲出奇制胜。

有一篇号召环保的演讲，题目是《我们的后代喝什么》，就是运用了这种技巧。演讲开篇，作者先讲了自己在游览长江三峡时所经历的一件小事：

几位外国友人游览长江三峡，他们被大自然迷人的景色所折服。但同时，他们也看到了一些令人心痛的画面：滚滚东流的长江，好似一个巨大的天然垃圾场，果皮、废纸、饭盒都随着长江水一路漂泊。

这几位外国友人不忍心蹂躏大自然，但游轮上又没有垃圾桶，他们便把废弃物用塑料袋包好，下船时交给了乘务员。哪知，刚一转身便被乘务员毫不留情地扔进了长江。

叙述完这个故事，演讲者便"借景生情"：

"水，对我们人类有恩有情，我们决不能做出忘恩负义、恩将仇报的蠢事！更不能将我们自己酿成的苦酒逼着我们的后代喝下去，更不能做出杀鸡取卵、贻害子孙的傻事。
这是我们每个人的责任！"

作者通过外国游客在长江游览的见闻和遭遇，反衬了国人环
保意识差。由此抒发感慨、引发议论、情理交融，很好地升华了
主题。

演讲是靠具有实际意义的内容而非你的言辞多么华丽来打
动听众，不能像皇帝出行，一辆金碧辉煌的宫廷大车，驾上六匹
盛装丽饰的马，前拥后簇着一大队人马——一句浩浩荡荡的句子
里，往往只有一点儿意思。要像古人写文章讲究言简意赅，"增
一字则密，删一字则疏"。

曾经有这么一个故事：

一次，马克·吐温到教堂做礼拜，适逢一位传教士在搞
募捐活动。

刚开始，传教士声情并茂地讲述着非洲的苦难生活，希
望大家能够伸出友爱之手，帮助那些穷困潦倒的非洲人。马
克·吐温听后，十分感动，决定等教士讲完了捐出五十元。

但过了十分钟，传教士还在絮絮叨叨地讲个没完。马
克·吐温有点不耐烦了，心想：看来，待会儿我只能给他捐
二十元了。

又过了十分钟，传教士还没讲完，马克·吐温生气了，

对自己说：待会儿我一分钱也不出看他能怎么样。

终于，半个小时后，传教士讲完了。当他拿起钵子挨个向听众们募捐时，忍无可忍的马克·吐温不但一分钱没掏，反而从钵子里拿走了两块钱。

演讲的开篇，是架起演讲者与听众之间第一座沟通的桥梁，所以在开篇的选择上必须多动脑筋。可以运用比喻、借用典故、自我贬抑、即兴发挥等多种形式，力求自然和谐地切入主题，才能引起听众的兴趣。

那么如何做好开场工作，以下几点对演讲者可能有所帮助。

（1）借景生题

一上台就开始演讲，相信很少有人会有兴趣听下去，可以借助眼前的人、事、情、景，把听众融入演讲中来。

1863年，美国葛底斯堡国家烈士公墓竣工。落成典礼那天，国务卿埃弗雷特站在主席台上，只见人群、麦田、牧场、果园、连绵的丘陵和高远的山峰历历在目，他心潮起伏、感慨万千，立即改变了原先想好的开头，而从此情此景谈起：

站在明净的长天之下，从这片经过人们终年耕耘而今已安静憩息的辽阔田野放眼望去，那雄伟的阿勒格尼山隐隐约约地耸立在我们的前方，兄弟们的坟墓就在我们脚下，我真不敢用我这微不足道的声音打破上帝和大自然所安排的这意味无穷的平静。但是我必须完成你们交给我的责任，我祈求你们，祈求你们的宽容和同情……

这段开场白语言优美，节奏舒缓，感情深沉，人、景、物、情是那么完美而又自然地融合在一起。据记载，当埃弗雷特刚刚讲完这段话时，不少听众已泪水盈眶。

（2）引人入胜

演讲时获取听众注意力的方式随题材、听众和场景的不同而改变，一般可以运用事例、逸闻、经历、反诘、引言、幽默等手段达到此目的。

麦克米兰石油公司副总裁迈克斯·艾萨克松在一次演讲的开头便运用了引言和反诘的方法来吸引听众：

我们都知道，演讲是件很难的事。但是请听听丹尼尔·韦伯斯特是怎么说的吧："如果有人要拿走我所有的财富而只剩下一样，那么我会选择口才，因为有了它我不久便可以拥有其他一切财富。"那么，为什么许多有才华的人偏偏害怕演讲呢？

（3）激发听众兴趣

人们都有好奇的天性，一旦有了疑问就非得弄个水落石出。

为了激发听众们的兴趣，可以采用悬念手法，制造悬念，会收到很好的效果。

在对美国会计协会罗切斯特分会的一次演讲中，演讲顾问唐纳德·罗杰斯通过表达他对听众需要的关心而激发起了他们的兴趣。

我今晚要演讲的题目是《信息的透露》。确定这个题目之前，我先是查阅了本地的会计年鉴分册和全国会计协会的学术专刊，然后又询问了我的同事亚历克斯·莱文斯顿和戴夫·汉森："今晚来听演讲的人都有哪些？他们希望我讲什么？"他们告诉我在座的各位都是些很热心的人，希望我的演讲有趣而富有启发性。

因此，我将告诉大家一些有用的知识，我也同时希望我的演讲简明扼要，并留给大家一定的提问时间。

（4）抓紧人心

看看英国文学家纪伯伦在开始演讲时，是怎样逗引听众大笑的。

他所讲的并不是编造出来的故事，而是他自己真实的经历，并且用戏谑的口吻，指出他的矛盾。他说："诸位，我年轻的时候，一直住在印度，我常常为某家报馆采访刑事新闻，这工作是非常有趣的，因为它使我有机会认识一些伪造货币、盗窃、杀人犯等这一类富有冒险精神的天才。（听众大笑）有时我采访到他们被审判的情形后，还要到监狱里去拜访一下我那些正在受罪的朋友。（听众又发出笑声）我记得，有一位因为杀人而被判无期徒刑的人，是个很聪明且善于说话的年轻人，他告诉我他的高见：'我觉得一个人如果一失足跌入罪恶的深渊里，就非得从此为非作歹不可，最后他会以为只有把其他人都挤到邪路上，才可表现自己的正直。'这句话，正好可以贴切比喻当时的内阁！"（听众的笑声和鼓掌同时并起）

（5）直入式开场

演讲时，大多数情况下，演讲者都是某项领域的专家或权威。因此，如果听众对演讲的主题不熟悉或是知之甚少，那么很有必要在开头部分对听众讲述与主题有关的背景知识，它们不仅是听众理解演讲所必需的，而且还可以体现出主题的重要性。

美国空军少将鲁弗斯·L·比拉普斯在夏努特空军基地的一次宴会上做演讲时，就对"黑人遗产周"的有关背景知识及其对美国空军的重要性做了介绍。

我很高兴来到此地，同时我也很感谢应邀和在座各位讨论有关美国黑人问题。为保持和增进民族间的理解，美国各州又开始纪念"黑人遗产周"。在夏努特空军基地，我们庆祝它则可以对美国空军进行完整无缺的教育。

我们民族的主旋律是："黑人历史，未来的火炬。"

这个已成为美国人民生活一部分的纪念活动，是弗吉尼亚州纽坎顿市卡特·G·伍德森最先提出并计划的，他现在被誉为美国"黑人历史之父"。

伍德森先生于1915年成立了"美国黑人生活和历史协会"。后来，他又于1926年发起了"黑人遗产周"纪念活动……

2. 让人听懂你的演讲主题

很多演讲的场合，只有讲话者自己明白自己说了些什么，而听众未必能摸得着头脑。因为理解一种新的观念，很需要一些时间，并且必须集中整个注意力。所以为使人家彻底了解，必须反复申说解释，但是，不可以用一句完全相同的话，免得听众反感。最好用几种不同的措辞，改换几种说法，你的听众就不会当你重复了。正如下面这篇演讲：

曾经有一位叱咤风云的帝王，在他历经南征北战而最终傲视天下的时候，却长叹着发出这样的呼唤："大风起兮云飞扬，威家海内兮归故乡，安得猛士兮守四方。"是啊，不得猛士守四方，我们就要忍受圆明园中的烈火，不得猛士守四方，我们就要吞下那南京城里的杀戮。尤其在部队面临机械化、信息化双重转变的今天，没有高科技武装起来的头脑，没有创新思维的新型军事人才，我们就要再次遭受侮辱、遭受践踏。

有人问，这样的猛士何处寻。那么我会告诉你，那就是穿着一身翠绿战袍、肩上扛着两团火的我们。祖国和亿万人民等待着我们去守护，然而要做到不辱使命又是何其的艰难。如果说中国的军事发展史是一条长河，那么八十年前就是上游崇山峻岭之间奔腾咆哮的河水，它以猛虎之势，气吞万里，荡涤着八万里河山；然而今天的水之中游，水量更大，更易于航行，灌溉着更多的土地。水道中游，美得丰满，美得深刻，这种美来源于大量的补给，要求更多的灌溉。

宝剑锋从磨砺出，梅花香自苦寒来。如何才能把自己磨炼成祖国的利剑，我们在思索、在探求。忽然，我肩上的两团火又在告诉我答案。

要想在世界军事变革中立于不败之地，就要有自主创新的精神。创新是一个民族进步的灵魂，创新是一个国家兴旺发达的不竭动力，创新推动了国防科技的长足进步，创新促进了我军现代化建设的征程。被誉为"硕士导演"的海湾战争揭开了世界新军事变革的序幕，高新技术广泛应用于军事领域，战争形态发生了翻天覆地的变化。空间战、电子战、深海作战已不只是电影中的情节，然而对人才的需求也已经

是迫不及待，日益壮大的军事科研力量已经冲破重重限制，像一股奔腾的洪流，咆哮在二十一世纪。

我们的军队在呼唤着具有创新思维的新型军事人才，高新技术的发展离不开创新，人才的培养离不开创新。在创新面前，我们毫不卑躬屈膝，因为我们要做军事变革中的弄潮儿，我们要用智慧的火花敲开创新的大门，从中汲取智慧与甘露。敢于向墨守成规说不，勇于向平淡要珍奇，善于从寻常中标新立异，这是我们矢志不渝的理想。科大人求实进取的精神，已经成为国防科研战线上一座不朽的丰碑。作为科大的一员，在科学战线上奋斗、拼搏是时代赋予我们的使命。

强军兴国之路是如此的漫长，似乎没有边际，但我相信只要凭着坚定不移的信念，凭着不屈不挠的精神，定会向着目标一步一步地迈进。只要我们在创新、在进步，那些鲜活清醇的音符就会不断地从我们的生命之琴中溢淌而出，最终汇成那凯歌的旋律。

军事变革中必然是荆棘满地、困难重重，但我们军中男儿是最不畏惧艰险、最不怕迎接挑战的，因为我们炎黄子孙的血脉里激荡着黄河的涛声，我们华夏儿女的身影中影射长城的巍峨。亲爱的战友们，让我们把我们的意志化作那茫茫乾坤间的一道风景，只有这样才无愧于祖国、无愧于人民。

时代的号角把我们呼唤，和平的目光把我们期待，厚德博学，强军兴国。嘹亮的歌声唱出了我们的满腔热血，唱出了我们军校大学生的共同心声，也唱出了为祖国献青春、为部队竭忠诚的赤子情怀。在这个波澜壮阔的伟大时代，迎着世界新军事变革的料峭东风，置身于我军现代化建设的洪流之中，我们要勇于创新、勇于拼搏，我们要向祖国母亲深情地说一句："我们是您最优秀的儿女。"若干年后，也许我们双鬓斑白，也许我们埋骨他乡，但我们拼搏过，我们无愧于这身绿色的军装，因为我们曾经让这座象征着国防事业的钢铁长城更加巍峨。

演讲者用不同的方式表述了新时代人民军队的历史使命，从而使听众得到共鸣。

如果你自己没有明了讲话的主题，那你也绝对无法令听众明了。反之，你对这个主题越是认识清楚，你把这个主题传达到听众心里也越是容易。反复几遍，听众自然会懂。

3. 演讲语言要长短适度

演讲口才的短句特色，是指演讲者在演讲中，把本来可以用长句表达的意思变成短句，使演讲语言显得短小精悍、明快有力。

1985年9月底，上海《青年报》记者对上海铁路新客站工地总指挥进行了关于工程什么时候能完成的采访。

总指挥严肃地发表即兴演讲："不超国家预计开支，不误工期！这是我们向党、向人民立的军令状。缩短生命，无所畏惧！延长建设工期，办不到！党，不允许；人民，不允许；我们的年龄，更不允许……困难再大，我们靠党的领导，人民的支持；问题再多，我们靠设计人员的聪明才智去攻克难关；时间再紧，我们靠创业者争分夺秒的拼搏精神……"

这位总指挥的演讲，斩钉截铁，掷地有声，充分表现了大无畏的英雄气概。在这里，可以看出，总指挥的演讲有一个重要的特点——句子短。与短句相比，长句无论在气势方面，还是在力量方面都要逊色得多。所以，短句特色是提高演讲效果的一种重要方法。

据不完全统计，善于宣传鼓动的宣传教育工作者李燕杰、曲啸、彭清一、刘吉等的演讲，其句子的长短一般均在八个字左右。国外的一些演讲大师，如列宁、林肯、丘吉尔等，他们讲的是欧化语言，虽然句子稍长些，但也都在十个字（中文译文）以内。所以，从中外演讲大师的实践来看，短句特色是一种成功的演讲技巧。

从比较的角度考察，书面语言句子长，优点是精确、全面；缺点是呆板和累赘、冗长；而演讲句子短，简洁明快，生动有力，充满生气，在演讲时总有一定的"不言而喻"的情境和语境，表达时可以借助非言语传播手段（如语调、语速、衣着、手势、表情等），所以尽管句子简短，仍能很好地传情达意，而且朗朗上口，有助于记忆，因此能收到很好的演讲效果。

如"人不犯我，我不犯人；人若犯我，我必犯人""敌进我退，敌驻我扰，敌疲我打，敌退我追""不是不报，时候未到；时候一到，一切都报"等，都是长句短说的典型例子。这些短句，不仅简洁明快，而且能给人以深刻印象，便于记忆，经久不忘。正如恩格斯所说："言简意赅的句子，一经了解，就能牢牢记住，变成口号，而这是冗长的论述绝对做不到的。"由此可见，要提高演讲效果，就要注意长话短说，使句子简洁明了、短小精悍。

革命导师列宁在《纪念葛伊甸伯爵》的演讲中，曾用三组长短句交叉的语言，深刻地揭示了这样三种典型人物："意识到自己的奴隶地位而为之作斗争的，是革命家；没意识到自己的奴隶地位而过着默默无言、浑浑噩噩的奴隶生活的奴隶，是十足的奴隶；津津乐道地赞赏美妙的奴隶生活，并对和善的好心的主人感激不尽的奴隶，是奴才，是无耻之徒。"

在运用短句特色时，事先一定要有充分准备，能用短句表达的，绝不用长句，或者把长句化为若干短句。在演讲时，若有的

句子不宜变为短句，就不必硬性地使用短句，而应注意长短句的交叉使用，使长短句相互补充、相得益彰。演讲语言疏密有致、波澜起伏，也能使演讲丰富多彩、吸引听众。

所以，演讲到底是长一些好，还是短一些好，不能一概而论，只要有内容、有感情，长短都可以。不过，在现代交往中，社会节奏快，时间观念强，说话简洁会给人一种生机勃勃的感觉，说出的话自然就有力度，而演讲因其特殊的存在形式，更是如此。

一天晚上，一位做医生的演说者在布鲁克林的大学俱乐部演讲。那次集会，时间拖得很长，已有很多人上台讲过话了。轮到他演讲时，已是凌晨了。他要是为人机智圆滑一点或是善解人意一点，应该上台说上十几句，然后让人们回家去。但他没有这样做，反而展开了一场长达45分钟的长篇演说，极力反对活体解剖。他还没讲到一半，听众就希望把他从窗口摔出去，并摔断某些部位，任何部位都可以，只要能让他住口就行。

演讲最好还是短一些为好，特别是如果本来就没有多少话可说，还喋喋不休，更会让人生厌。即使演讲的内容很充实，如果太长，也会让听众受不了。

与其长而让听众生厌，不如短一些给听众留下深刻印象。其实演讲短一些未必不能把问题说清楚，短，一方面能让听众意犹未尽，另一方面能表现出演讲者的概括能力。

演讲受听众可接受性的制约，面对听众演讲往往有一定的时间限制，所以修改演讲稿时还须考虑篇幅长短是否符合规定的时限。如果超过规定的时限，应当压缩文字、删减篇幅。倘若不到规定的时限，有必要的话，还要再增加材料、扩充内容。最好是在保持内容完整的前提下，使内容具有一定的伸缩性。这样，临场时可以根据听众的反应随时做出调整，灵活机动地把握时间。

如何使演讲做到简洁有力呢，以下几点禁忌可能对演讲者有所帮助。

（1）忌使用空话套话

有些人一开口就"客套话不断"，少不了客套、谦虚，一分析问题就按老俗套喊空口号，几乎没有有效信息。

（2）忌重复累赘

有些有用的信息由说话人发出后，听众便接受并储存起来了。但说话人却说话啰唆重复，以大同小异的形式多次输出，这些信息就成了多余的了。

（3）忌节外生枝

说话人没有掌握好主题，因此在一些细枝末节上发挥太多，或意已尽而言不止。这些内容虽然也包含不少信息，但却不是主要信息，而是与主题关系不大的次要信息。与主题无关的信息只会增加听众的厌烦心理。

（4）忌口头禅不离嘴

有些人讲话脱不了"口头禅"，什么"这""那""对不对""是吗"等，差不多句句不离口，虽然演讲者并非有意，可对听众来说，不但全是无用信息，而且令人生厌，所以必须戒掉。

4. 当众批评要讲方式

人们总是愿意听到那些自己想听到的，因此，相对于赞美来说，批评总是让人难以接受。对于演讲者来说，批评听众的同时，无论对方是否愿意接受，总是会在心中产生抵触的心理，从而使本来要传达给听众的理念受到一定的影响，甚至产生相反的效果。但批评又总是难以避免，毕竟，我们每一个人都不是生活在真空里，就像我们身上要沾染许多病菌一样，在我们的思想意识和言谈行为上，也会不可避免地出现一些缺点、错误，积极开展批评，才能使我们保持身心健康。因此，当众批评别人一定要讲究方式、方法，这里也有艺术性，否则难以达到预期效果。

那么，采取什么样的批评方式才会取得好的效果呢？

（1）体谅对方的情绪，取得对方的信任

这是使批评达到预期效果的第一步。"心直口快"作为人的一种性格来说，在某些方面的确可体现出它的优点，但在批评他人时，"心直口快"者往往不能体谅对方的情绪，图一时"嘴快"，随口而出，过后又把说过的话忘了，而在被批评者的心理却蒙上了一层阴影，也失去对批评者的信任。所以当你在批评他人时，不妨学会从别人的角度来看问题，设身处地地站在对方的立场考虑一下，自己是否能接受得了这种批评。如果所批评的话自己听来都有些生硬，有些愤愤不平，那么就该检讨一下措辞方面有何要修改之处。

（2）诚恳而友好的态度

批评是一个敏感的话题，哪怕是轻微的批评，都不会像赞美那样使人感到舒畅，而且，批评对象总是用挑剔或敌对的态度来对待批评者。所以，如果批评者态度不诚恳，或居高临下、冷峻生硬，反而会引发矛盾，产生对立情绪，使批评陷入僵局。

因此，批评必须注意态度，诚恳而友好的态度就像一剂润滑剂，往往能使摩擦减少，从而使批评达到预期效果。

（3）用含蓄的批评来激励对方

美国著名评论家亚森曾说："真正懂得批评的人看重的是'正'，而不是'误'。"这里所说的"正"，实际上就是隐恶扬善，从正面来加以鼓励，也就是一种含蓄的批评，能使批评对象不自觉地改正自己的错误和缺点。可以说从正面鼓励对方改正缺点、错误的间接批评方法，比直接批评效果会更快、更好。因为这种批评方法易于被对方所接受，从而产生良好的效果。

当批评难以避免时，那就要更加的小心谨慎，以防止伤害

对方的自尊心。尤其是在当众批评时，还有几个问题务必引起注意。首先，就事论事，勿伤及人格。批评他人，有什么问题就说什么问题，切勿把"陈芝麻烂谷子"统统翻出来，纠缠在一起，算总账。这样做，只能引起对方的反感。而揭对方的疮疤，甚至伤害其人格，则最容易引起对方的愤怒，应绝对避免。

其次，具体明确，勿抽象笼统。在批评他人之前，先要明确是就哪件事或事情的哪个方面进行批评，那么就以事实为基础，越具体明确越好。抽象笼统，"一竿子打死一船人"，别人就难以弄懂你的意思。

再次，语气亲切，勿武断生硬。有什么样的态度就有什么样的用语。如果态度诚恳，语气也必定会亲切，让人听了心里舒服；如果态度生硬，自以为是，别人也就不会买你的账。有的人批评人时总喜欢用"你应该这样做……""你不应该这样做……"，仿佛只有他的看法才是正确的，这种自以为是的口吻只会引起人的反感。

最后，建议定向，勿言不及义。批评和建议是紧密联系在一起的，批评的主要目的是希望对方能改正缺点、错误，从而向正确的方向发展，所提的建议当然应该是为对方指出方向。但有的人提的建议不具体，让人糊里糊涂，弄不明白。比如有客人要来家吃饭，妻子对丈夫说："你能不能别老在那看报？"不如说："你能不能帮我摆好桌椅、碗筷，客人就要来了。"这样就从另一个角度婉言批评了丈夫的懒惰，同时给他指明了改正的方向。

5. 用幽默引起听众的兴趣

在演讲的过程中，幽默的确是引起听众兴趣的好方法，但你要想在你的讲话中使用它却并不容易。

一个舞台上的演员，如果他对现场的观众说几则自以为幽默而实际上是乏味的笑话时，他就有可能会被喝倒彩而驱逐下台。当然讲台下的听众相对比较文雅一些，他们比较具有同情心，但是他们虽然被同情心驱使着勉强在表面上克制着，不会对讲话者发出笑声，但在他们的心里却不禁在替讲话者可怜他的失败。

没有比引起听众高兴得发笑更为困难的了。在语言的艺术中，幽默是一种十分微妙的事，它和一个人的个性有着密不可分的关系。有的人生来就有这种天赋，但有的人却没有。要想让一个没有幽默天赋的人，勉强装得幽默，正如一个黑眼睛的人想把他的眼睛改成蓝色一般不可能。

如果你想要通过幽默来吸引听众的注意力，提高自己的说话水平，那你要记着，很多笑话的趣味性，很少含在笑话的本身里，之所以能够有趣，完全得看讲笑话的人是怎样说。据说当年林肯在伊里诺斯州的时候讲了几则笑话，引得人们跑了很远的路来听，甚至坐了一整夜而不倦。据当时的目击者谈，时常有人笑着从椅子上倒下来。这里有一篇故事，就是当年林肯常常讲述

的，而且每次都要博得不少的喝彩，你不妨独自试读一遍，看看能不能使你自己大笑起来。

有一个旅客，想要穿过十分泥泞难行的伊里诺斯州的草原回到自己的家里去。在半路上，他忽然遇到了暴风雨。天黑如墨，大雨倾盆，好像天上的河堤决了口一样；隆隆的雷声从浓浓的乌云中发出，宛如火药库的爆发一样，接二连三的闪电照耀着草原，露出许多被大雨摧折了的树木。雷声愈作愈响，震耳欲聋，最后，他突然被一个巨大而更可怕的雷声，吓得跪倒地上。这个旅客平常是一向不祈祷的，然而在这时候，他却喘息着说："啊！上帝啊！如果雷声和闪电在你那是一样的，那么，请你多给我一些光亮和闪电，少给我一些可怕的雷声吧！"

其实，在讲话中让听众发笑最简便的方法就是讲一些关于你本人可笑的事件，如果你把自己说得十分可笑而又装得好像有点发窘。那时听众的心里，恰如我们见到一个人被一片果皮滑了一跤，或一个人正在拼命追赶他被风揭去的帽子一般，觉得十分可笑。

请看美国一位政治家在讲话时是如何逗引听众大笑的，他所讲的并不是编造出来的故事，而是他自己过去的经历，并且用一种相对戏谑的口吻，来指出他的矛盾。

各位女士，各位先生们。我在年轻的时候，一向住在南非，当时的我是一名记者，常常替一家报馆采访刑事新闻。这工作非常有趣，因为它可以使我有机会去认识一些伪造货币者、盗贼和杀人犯，以及这一类富有冒险精神的干才。

当我采访到他们被审判的情形后，我还要到监狱里去，去拜望一下我们那些正在受罪的朋友。我记得，有一位因为杀人而被判无期徒刑的人，他是一位绝顶聪明而善于说话的青年，他告诉我他认为他一生中最重要的话："我觉得一个人如果一失足跌入罪恶的深渊里，他一定不得不向我们请求援助和人道的保护，那么试问在座的诸位，我们该不该帮他一臂之力呢？"

要想在演讲的时候运用幽默，你就要确认自己是否真有幽默的天赋，如果有，你就应该努力培养你的这份天赋，使你在演讲的时候能够加倍的受人欢迎。但是，如果你的天赋不属于这方面，那么，你硬要去求幽默，那就是东施效颦、弄巧成拙了。

高效演讲
——开口就让人喜欢你

6. 引经据典，画龙点睛

名言和警句是对生活哲理的概括，一方面反映出人对生活的认识，另一方面也反映出人对生活的态度。

卡耐基说："我在孩童的时候常拿一根棍子，去横在一群羊要经过的门口来玩。当前面几只羊跳过了棍子，我就把棍子拿去，后面的羊，走到门口的时候，还是跳一下，一如前面的羊跳过棍子一样。它们要跳一下的原因，就是因为前面的羊跳的缘故。这并不是羊特有的现象，差不多人也是这样，大家常常在不知不觉中模仿别人的所作所为，信仰别人的信仰，并毫无疑问地接受名人所讲的一切。"所以，可以引用名人的话来增强演说的说服力。

陆机在《文赋》中说："立片言而居要，乃一篇之警策。"也就是说，在文章的关键处要用一句或几句警句来点明题旨，是最容易打动人的。一个没有生活体验的人是无法恰如其分地使用名言和警句的。而那些善于思考的作家，他们的作品语言精美、思想深邃，给人的印象总是深刻的，对人的内心冲击总是很强烈的。

名言警句对于深化演讲主题有重要的作用，但在演讲中引用名言警句应该注意以下几个方面：

一、要引用原文，不要以讹传讹；

二、要全面领会原文，不要把意思搞反；

三、要反复证明一下原文是谁说的，不要张冠李戴；

四、要少用"据权威人士说"之类的话；

五、要引用"受欢迎的"名人的话；

六、要引用当地名人的话；

七、要引用有资格讲这话的人所说的话。

同名言警句一样，寓言典故也是言简意赅、内涵深刻的。在相同的境况下，运用寓言和典故也是很有说服力的。古人就常用寓言来表述自己的观点。

　　梁惠王曾问孟子："我对治理国家可谓费尽心机，可是考察一下邻国没有一个君主像我这样对待百姓的，为什么邻国的百姓不见少，而我的百姓却不见多呢？"孟子说："大王喜爱战争，让我用战争做比喻吧。两军交战的时候，有两个士兵弃甲而逃，一个跑了五十步就停下来，另一个跑了一百步才停下来，因为自己跑了五十步就笑话跑了一百步的人对不对呢？"梁惠王说："不对，跑五十步只不过还没跑一百步罢了，但这也是逃跑呀！"孟子说："大王如果懂得了这个道理，那就不要希望你的百姓增加了。"

　　孟子在这里批评梁惠王的意图已经很明显了，意即你梁惠王

的"政绩"与别的国王没有什么大的差别，老百姓在哪里都是一样的。

在演讲的时候，可以借用古人成功的经验，因而引经据典已经成为我们论证的固定形式之一。但引经据典一定要注意下面的问题。

第一，由于"经""典"大都是文言文，所以应尽量翻译成白话文，若是直接穿插文言文，恐怕听众自己还有个反省、暗译的过程，这样会影响听讲的效果，所以这个程序一般都应由演讲者来完成。

第二，翻译应尽量坚持直译，如果直译确有困难，可以采取变通手法，把直译和意译结合起来。引经据典一定要贴切。

第三，抓住寓言和典故的核心与本质，删除不必要的重复和陪衬，尽量使寓言和典故短小精悍，以便能说明问题。

为了给演说增加文采，增加动人的力量，可以适当地在演说中用诗词、名句作装饰，选用的诗词一定要贴切、恰当，引用适当的诗词、名句可显示你的文采和修养。

有一位英国爵士，在某次晚宴上，发表了一个轻松的演说，他在结尾时说道："你们回去之后，就会寄给我一张明信片的。即使你们不寄的话，我也要给你们每位寄一张，而且你们很容易猜到是我寄的，因为在上面我不贴邮票，（众笑声）我将在上面写着：

季节自来自去，

万物按时凋零，

唯有那——我对你们的仁爱，

永远像鲜花般的艳丽芬芳。"

用一首诗来结束这篇轻松欢快的演说，别有情趣，增添了宴会的欢乐，也增进了宾主的友谊。但若一篇严肃的演说结尾也引用这首诗，就显得不伦不类，适得其反。所以，名人的话、古今的格言、诗词佳句都可用在演说中，但一定要用得恰当。

《吕氏春秋》说得好："文章无警策，则不足以传世，盖不能感动世人。"诗词是语言宝库中经人们千锤百炼筛选出的精辟之词，因而它有久远的生命力。名人、大师、英雄人物的格言和诗句，容量大、力度大，适当引用，有画龙点睛之妙。如有人在演说中，引用了革命烈士李大钊的一段"无限的'过去'都以'现在'为归宿；无限的'未来'，都以'现在'为'渊源'，过去、未来的中间，全仗有现在，以成其连续，以成其永远，以成其无始无终的大实在"。说明青年一代继往开来、任重道远，具有催人奋发的力量。这样的一句话可以胜过普通言语的十句、百句，而且足以打动听众，沟通演讲者和听众间的感情。

7. 情绪激昂，增强感染力

在演讲中，情绪激昂可以增强感染力。

排比是一种写作修辞手法，也是一种普遍应用的演讲技巧。排比是用句法结构相同的段落、句子或词组，把两个或多个事物加以比较，借以突出它们的共同点和不同点。很多时候，排比的段落或句子是以一种递进的方式排列，营造出一种雷霆万钧的气势，同时朗朗上口，富有乐感。

运用排比的句式，可以净化思想、加强气势、增强语言的节奏和韵律。用它来说理，可以使论述细密严谨；用它来叙事，可以使事物完美地表现出来；用它来抒情，可以使感情激昂奔放。

美国著名的黑人解放运动领袖马丁·路德·金，不仅是一个卓越的政治家、革命者，还是一位雄辩家。他的演讲好似春风化雨，能激发起美国黑人无比激动的心。1963年8月28日，在美国首都华盛顿举行的"自由进军"黑人集会上，马丁·路德·金再一次为千百万黑人做了热情洋溢的演讲，其中有几段话极为精彩：

……

100多年前，一位美国伟人签署了《解放宣言》。现在，我们怀着无比崇敬的心情站在他纪念像投下的影子里。

这份重要的文献，为千千万万正在非正义烈焰中煎熬的黑奴点起了一座伟大的希望灯塔。这文献，有如结束囚室中漫漫长夜的一束欢乐的曙光。

然而，100年后的今天，我们都不得不面对黑人依然没有自由这一可悲的事实；100年后的今天，黑人的生活依然悲惨地套着种族隔离和歧视的枷锁；100年后的今天，在物质富裕的汪洋大海之中，黑人依然生活在贫乏的孤岛之上；100年后的今天，黑人依然在美国社会的阴暗角落里艰难地挣扎，在自己的国土上受到放逐。

所以，我们今天聚集到这里，揭露这骇人听闻的事实。

这就是我们的希望。

这就是我带回南方的希望。

怀着这个信念，我们能够把绝望的大山凿成希望的磐石；怀着这个信念，我们能够将我国种族不和的喧嚣，变为一曲友爱的乐章；怀着这个信念，我们能够一同工作、一同祈祷、一同奋斗、一同入狱、一同为争取自由而斗争。因为，我们明白，我们终将得到自由，我们终将得到原来属于我们的幸福！

马丁·路德·金的这番演讲，感动了在场的所有人。黑人们流下了眼泪，白人们也流下了眼泪。黑人们为他们所遭受的不公正的待遇而伤心、难过。白人们也许是良心受到谴责，也许是因自己对这一切无能为力而深感不安。马丁·路德·金使用一段段的排比句，言辞恳切，情深意长，既是对黑人遭遇不平的声讨，又是战斗的号角，将自己的感情表达得淋漓尽致，极富感染性和鼓动性。

我国著名的改良政治家梁启超写过一篇《少年中国说》的文章。在文章中，梁启超也大量运用了排比，表达了他对未来中国繁荣、富强的期盼；同时也充分说明了要重视青少年的发展，教育才是强国之道："少年智则国智，少年富则国富，少年强则国强，少年独立则国独立，少年自由则国自由，少年进步则国进步，少年胜于欧洲则国胜于欧洲，少年雄于地球则国雄于地球。"

寥寥数语却寄托着深厚的爱国之情，在那个被人欺凌的年代里，国强民富是每一位中国人梦寐以求的理想。这几句话既是国人们的热切期盼，也是改良家们坚定的信念——中国一定要雄于地球。

8. 编筐编篓，全在收口

结尾和开头一样，同样最能显示演讲者的演讲艺术，是演讲中最具战略性的一点。俗话说得好："编筐编篓，全在收口。"演讲的结尾是对整个演讲的总结，它承担着收拢全篇的任务，因此，其意义是非常大的。演讲的结尾既要有文采，又要坚定有力；既要概括全篇，又要耐人寻味，使全篇演讲得以升华，收到良好的效果。

一场题为《新时代的流行色》的演讲，结尾是这样的：

青年朋友们，我们肩负着历史的重托！是千里马，就应该高声长鸣；是龙种，就应该飞腾起舞。当今的世界有着千变万化的流行色，而只有自尊、自信、自强、自立，才是我们精神世界的流行色。我们要争当出头鸟，竞做弄潮儿，把我们的青春、热血、大智大勇，自觉投入到新时代的大熔炉里去，为中华的振兴发光发热吧！

这段结尾，以富于鼓动性的语言，号召广大青年人投身到民族振兴的洪流中去，有号召力，有鼓动力。

演讲结尾的要求大致可以归纳成以下三点。

（1）总结观点，在深刻印象中结束全篇

当演讲基本完成，听众对你的观点、态度以及讲述的有关知识基本上已经掌握时，就必须考虑结束了。也就是该"收口"了。"收口"是从视觉上、听觉上给听众留下最后的印象，将在听众的大脑屏幕上"定格"。所以，"收口"的好坏直接决定了听众对整个演讲的印象。精彩的结尾往往能弥补一些不足，可以强化听众的总体印象。只要我们留意一下，便会发现古今中外的演讲家对结尾都是很重视的。

卓别林是著名的喜剧大师，也是出色的演讲家，他在1943年所作的《要为自由而战斗》的演讲中，痛斥了妄图奴役人民的"野兽"，最后他用直接呼告的形式给听众留下不可磨灭的

印象：

哈娜，你听见我在说什么吗？不管你在哪里，你抬起头来看哪，哈娜，乌云正在消散，阳光照射进来！我们正离开黑暗，进入光明！我们正在进入一个新世界——一个更可爱的世界。那里的人将克服他们的贪婪、他们的仇恨、他们的残忍。抬起头来看哪，哈娜，人的灵魂已长了翅膀，他们终于要振翅飞翔了。他们飞到了霓虹里——飞到希望的光影里。抬起头来看呀，哈娜！抬起头来看呀！

（2）戛然而止，意味深长

演讲到达高潮时，听众的大脑皮层高度兴奋，情绪饱满，注意力集中，这时果断收尾，能给听众留下深刻的印象。

美国作家约翰·沃尔夫曾说过："演讲最好在听众兴趣未尽时戛然而止。"

在美国独立战争前夕，国务卿裴特瑞克·亨利在弗吉尼亚州议会上的演讲就是采用这种方法结尾的："我们的同胞已经身在疆场上，我们为什么还要站在这里袖手旁观呢？先生们希望的是什么？想达到什么目的？生命就那么可贵？和平就那么甜美？甚至不惜以戴锁链、受奴役的代价来换取吗？全能的上帝啊，阻止这一切吧！在这场战斗中，我不知道别人会如何行事，至于我，不自由，毋宁死！"

亨利以"不自由，毋宁死"六个字戛然而止，使全场愕然，随后即响起"拿起武器"的呼声，"不自由，毋宁死"则成了美国人民争取独立自由的伟大誓言。

（3）借用名言警句结尾

在所有的结尾方法中，如果能找到合适的名言警句作结尾，那是最理想不过的。它将产生最合适的效果以及庄严气氛，将表现出你的独特风格，产生美的感受。

结尾是走向成功的最后一步。把握得好，就会给听众留下深刻的印象；把握得不好，就会功亏一篑、令人扫兴。

第四章　控制演讲的氛围，让现场更有感染力

　　演讲是演与讲的结合，演讲者通过语言发表自己的思想、感悟或主张来感染受众，引发共鸣。所以营造一个既切合主题又适合当时特定环境的氛围，把听众带入到演讲艺术之中，使演讲具有强大的感染力和鼓动力是很重要的。

1. 情感是演讲生命力的源泉

情感是艺术的灵魂，也是演讲生命力的源泉。"功成理定何神速，速在推心置人腹。"这里的推心置腹就是指话语真诚。所谓真，是指不矫揉造作，不言辞虚浮，能够保持说话人的自我本色。所谓诚，就是真心真意、不掩盖、真情流露。

美国石油大王洛克菲勒的儿子小洛克菲勒，在1915年处理一次工人大罢工时，就是运用真诚的演说，解决了与工人之间的矛盾。

科罗拉多州煤铁公司的矿工为了要求改善待遇，进行了罢工，因为公司方面处置不善，这次罢工又演变成了流血的惨剧，劳资双方都走了极端。这次罢工，持续了两年之久，成为美国工业史上一次有名的大罢工。小洛克菲勒，最初使用军队来镇压的高压手段，酿成了流血惨剧，不仅没有解决问题，反而使罢工的时间延长下去，使自己的财产受到了更大的损失。后来，他改变方法，采用柔和的手段，把罢工的事情暂时置之不谈，他深入到工人当中，并亲自到工人家中进行慰问，使双方的情感慢慢地好转起来。以后，他叫

工人们组织代表团，以便与合资方洽商和解。他看出了工人们已经对他稍稍释去了敌意，于是，便对罢工运动的代表们做了一次十分中肯的演说。就是这一次演说，解决了两年来的罢工风潮。

在演讲中，小洛克菲勒说："在我有生之年，今天恐怕要算是一个最值得纪念的日子。我十分荣幸，因为能够和诸位认识，如果我们今天的聚会是在两个星期之前，那么，我站在这里就会是一个陌生人；因为我对于诸位面孔的认识还只是极少数。我有机会到南煤区的各个帐篷里去看了一遍，和诸位代表都做了一次私人的个别谈话；我看过了诸位的家庭，会见了诸位的妻儿老幼，大家对我都十分客气，完全把我看作自己人一般。所以，今天我们在这里相见，我们已经不是陌生人而是朋友了。现在，我们不妨本着相互的友谊，共同来讨论一下我们大家的利益，这是使人感到十分高兴的。参加这个会的是厂方的职员和工人的代表，现在蒙诸位的厚爱，我才能在这里和诸位相见并努力化解一切矛盾，彼此成为好友，这种伟大的友谊，我是终生不会忘掉的。我们大家的事业和前途，从此更是迎来了无限的光明。在我个人看来，今天虽然是代表着公司方面的董事会，可是，我和诸位并不站在对立的地位，我觉得我们大家都是有着密切的关系和友谊的。我们彼此有关的生活问题，现在我很愿意提出来和大家讨论一下，让我们一起从长计议，获得一个双方都能兼顾到的圆满的解决办法，因为，这是对大家有利的事……"

小洛克菲勒的讲话，虽没有华丽的辞藻，但话语诚恳，引起了矿工广泛的共鸣，一下子就使自己摆脱了困境。

的确，这样坦诚真挚、推心置腹的演讲，演讲者与听众怎么能不心心相通呢？

言为心声。语言所负载的信息，除了理性信息之外，就是情感信息。这种情感信息的内涵十分丰富，它的功能不仅是要诉诸人的理智，而且也要打动人的情感。精彩艺术性的演讲，不仅以理服人，还能以情动人。所以，演讲者演讲时一定要充满着自己的真情实感。

在话语交际过程中，要使对方感受到情感的真实，说话人的话语一定要受到发自内心的充沛的情感支配。一位作家曾说："说话人装着对自己所说的话毫无情感，把自己隐藏在幕后，也不理睬听众是谁，不偏不倚、不痛不痒地背诵一些冷冰冰的条条儿，玩弄一些抽象概念，或是罗列一些干巴巴的事实，没有一丝的人情味，这只能是掠过空中的一种不明来历去向的声响。所谓'耳边风'，怎能叫人发生兴趣，感动人、说服人呢？"

正当希腊面临马其顿王国的入侵，遭遇亡国和失去自由的危急时刻，希腊著名演说家德摩斯梯尼曾经做过一次著名的演说，他的每一句话、每一个词语都充满着发自内心的极为丰富的爱国主义情感，他热情洋溢地说："即使所有民族同意忍受奴役，就在那个时候，我们也应当为自由而战斗。"

从这洋溢着爱国热情的词句中，人们看到了一颗真挚的拳拳之心，因而他的演讲，激励了无数的希腊人从聆听演说的广场

直接奔赴战场，连向家人作一声道别也认为耗费了时光。他的敌人，马其顿的国王腓力见到这篇演说词，也不由地感慨说："如果我自己听过德摩斯梯尼的演说，连我也要投票赞成他当我的反对者领袖。"

感人心者莫先呼情。唯有炽热的情感，才会使"快者掀髯，愤者扼腕，悲者掩泣，羡者色飞"。演说如果感情不真切，是逃不过成百上千听众的眼睛的。

无哗众取宠之心，有实事求是之意，才能取悦于你的演讲对象，使他们接受你的思想。一个演说者如果讲话华而不实，只追求外表漂亮，开出的只能是无果之花。若缺乏真挚而热烈的情感，只是用"人工合成"的感情，虽然能欺骗听众的耳朵，却永远骗取不到听众的心。因为心弦是不会随随便便地让人拨动的。若要使人动心，必先使己动情。著名演说家李燕杰说："在演说和一切艺术活动中，惟真情，才能使人怒、使听众信服。"

真情是演说最好的技巧。在演说中，唯有真诚的情感，才能产生巨大的影响，才能唤起群众的热诚，才有震撼人心的力量。美国有位小说家说得好："热情是每个艺术家的秘诀，而每位演说家都应当是一位艺术家。这是一个公开的秘诀。这如同英雄的本领一样，是不能拿假武器去冒充的。"情不深，则无以惊心动魄，无以得到别人赞同。

有位大学生发表演说时有这样一段话：

"在生活中有棱角的人常常遭人非议；而我认为，一个不被争议的人，是个近乎平庸的人。世界在非议中被认识，

真理在非议中被确立。一个真正干事业的人，往往由于被激
烈地争议，反而更强烈地闪耀出心灵的光辉！"

这段谈论受主观感情的支配，不需要交代论据，也不需要论
证，它在抒情中洋溢着演说者或悲或喜、或憎或爱的情感，流露
出演说者的思想，因而获得了人们热烈的掌声。

演讲中的情感抒发固然十分重要，但感情是受理智支配的，
这个理智，就是要表达演讲的主题。演讲时要时刻牢记演讲的主
题，时刻把握感情的阀门，注意控制感情的流量。有的演讲者不
懂得控制自己的感情，一到伤心处就涕泪交流、泣不成声；一到
愤慨时就语不成句；一到高兴时就笑得前躬后仰、手舞足蹈。结
果，听众只知你在台上喜怒无常，根本听不清、弄不懂你在哭什
么、气什么、笑什么。这样，又怎么能与听众产生感情上的共
鸣呢？

2. 合理地运用夸张技巧

夸张是为强调事物的某种特征而故意言过其实，或者夸大
事实，或缩小事实，让听者对所要表达的内容有一个更深刻的认
识和了解。一位演讲学家在谈演讲的语言修辞时说过这样的话：
"从其本质来说，演讲是一门语言艺术，而语言艺术是离不开修
辞的。"从演讲的实践活动来看，演讲者比较注重运用比喻、排

比、引用、对比、设问、反问等修辞方法，而在一定程度上忽略了夸张的修辞手法。这也许是因为演讲的现场过于严肃。其实在演讲中，掌握夸张的尺度，往往会带来意想不到的效果。

合理地运用夸张技巧，一是便于揭示事物的本质，二是能加强说话的感染力，三是能启发听者的想象力。运用夸张，必须以现实生活为基础，不能漫无边际，做到言过其实而又合情合理，不似真实而又胜似真实。

马克·吐温有一次坐火车到一所大学讲课。因为离讲课的时间已经不多，他十分着急，可是火车却开得很慢，于是他想出了一个发泄怒气的办法。当列车员过来查票时，马克·吐温递给他一张儿童票。这位列车员也挺幽默，故意仔细打量，说："真有意思，看不出您还是个孩子哩。"马克·吐温说："我现在已经不是孩子了，但我买火车票时还是孩子，火车开得实在太慢了。"火车开得很慢确是事实，但也不至于慢到让一个人从小孩长成大人。

这里便是将缓慢的程度进行了无限制的夸张，产生了特殊的幽默效果，令人捧腹。

夸张既然是在某些方面"言过其实"而又有真实性作为基础，这就有利于突出事物的特殊性，可以唤起人们的想象，收到突出个性形象的效果。例如：

有三个人在一起谈论如何节约，其中一个人说："我认识一个人，为了节约墨水，无论写什么，字都写得像芝麻粒儿一样大小。"第二个人说："我认识一个人，为了减少手表的磨损，天一黑，就把手表给停了。"第三个人说："你们说的都一般，我认识一位老先生，为了节约眼镜，连报纸都不看了。"

如果说为了节约眼睛连报纸都不看了，还不为夸张，而为了节约眼镜连报纸都不看了，就不能不是夸张了。可以想象，这位节约眼镜的老先生用节约精神去做其他事情时，该又是何等节约啊！

夸张虽然"言过其实"，但不等于浮夸，它必须以客观事实为基础，必须反映客观事物的本质特征，做到"夸而有节""饰而不诬"，才能造成强烈的震撼效果。

或许有人会认为演讲不适合夸张，觉得很不自然、很假。其实这是因为没有"夸张"到底。就像做任何事情都要坚持做到底一样，夸张也不能"中途半端"，"中途半端"的夸张就意味着失败。要做就要一口气夸张到底，这时的夸张已经不是不自然，而变成了生动有趣。

当然，夸张不能哗众取宠，更不能无中生有、信口开河。它必须以客观事实为基础，必须反映客观事物的本质特征。它之所以言过其实而又不虚假，其奥妙就在于它突出了事物的某一部分性质，不似真实而又胜似真实。

另外，运用夸张技巧时要注意分寸，要让听者知道你在夸张而不是写实；不要单纯为了猎奇而强行夸张，如在汇报情况、介

绍经验等场合就不能随意运用夸张。

3. 获得听众对你的信任

演讲必须获得听众对你的信任，如果不是这样，你所讲的话便不会使他们相信。许多讲话的失败，就是在这一点上。这也就是许多人在演讲时不能产生影响的一个大原因。

要获得听众的信任，最要紧的还是你自己先应该具有自信心，获得信任的唯一要素是个性。

某大学演讲班有一次请一位名人来演讲，他讲得十分流利，讲完后大家都称誉他。可是，他仅留下了一个敏慧的表面印象，不曾深入到听众的心坎里。同时，有一位保险公司的代表，他起来说话，虽然他的身材矮小，语言不大流利，有时还要一个字一个字很吃力地说出来。但是，在他那仁慈的目光和中肯的声音之中，确有一种深切的诚意流露出来，所以听众对他的演讲十分注意，对他有一种说不出的好感。

如果没有极高的热诚，那演讲是很难成功的。所以最主要的就是诚恳，深切而又纯正的诚恳。不过，诚恳并不是自己说说，自夸而自觉得诚恳，大都是虚伪而自欺欺人。真正的诚恳，并不放在口头，而是在讲话的过程中极自然地流露出来。

在几年之前，有一位聪明的演讲家死了。当他在幼年的时候，谁都对他有着很大的期望，预料他将来一定会有极大的成就。谁知他死了，并不曾留下一些可观的成绩。因为他把他的聪明误用了，他只是怎样可以使自己发财就怎样去做。他得不到真诚的名誉，所以他的事业完全失败。

林肯对人家向来是同情的，他和参议员道格拉斯辩论的时候，他的神情和言语都不及对方的漂亮，人家称道格拉斯是"小伟人"，称林肯是"诚实的亚伯"。道格拉斯是有着卓越精神、充沛活力、优美个性的人，但他的真诚有一些欠缺。他常把智谋放到原则上去，使法理来迁就政策，所以他并没有显著的成功。

在讲话的时候，要有一些不加修正的风味，使每一个字句有一种诚恳的力量；让听众能够感觉到。正如下面这篇演讲：

自觉是自身素质的体现，他博大、壮丽、崇高、丰满、可靠，它可以使人向往、使人追求、使人明智、使人高尚、使人纯洁和净化，把人引向一个优美的境界。

自觉是我们为人处世、干好工作的力量源泉和保障，是一个国家公务员应该具备的基本素质。我们通过学习获得知识，通过对知识的运用来开展工作，通过工作来反哺社会等，无一不需要自觉。没有自觉的学习必将一无所获；没有自觉的工作定会得过且过，失去原则，明哲保身，随波逐流，一事无成。要自重、自省、自警、自励，尊重自己的人格，珍惜自己的名誉，在提高政治上、思想道德上加强自律，防微杜渐；面对资产阶级世界观、人生观、价值观及腐

朽生活方式的侵蚀，警钟长鸣；鼓励、激励自己前进，自强不息，奋发向上，不满足于现状，不甘于平庸，不甘于中游；喊出办公室的口号，打出办公室的旗帜，展示办公室的形象，做一流的工作，创一流的业绩。

自觉理念的建立，是人生观、世界观的升华。人们热爱现实并且富于理想，尤其是在青年人意气风发的黄金年代，树立正确的人生观与世界观至关重要。一个人从启蒙教育到获得知识、丰富大脑，进而树立人生观与世界观，"自觉"是第一位的。学习要有自律，这是自觉行动的保障。法律规则、道德准则是规范社会生活的尺子，但更多的空间仍然需要社会成员的自觉遵守。自觉本身就是一种对规范的创造和发扬，没有自觉意识的存在，我们就会消极地忍耐，被动地听从，这样人生是没有闪光点的。人生留迹于天地之间，理应有点惊世之举，如卓尔不群的泰山睥睨群丘，汪洋恣肆的长江啸傲百川，倚剑于长城上的秦皇汉武，在史册的某一页上雄视千秋。生命的长短无关紧要，紧要的是生命的品位。没有一个人因为贪恋温床而长生，过分地溺爱生命，只会使生命萎靡乏力。只有壮怀激烈、自觉奋发、敢于搏击的人生，才会永放光芒。

自觉成就未来。华丽的言辞代替不了理性的思考，诗意的浪漫无助于价值的升华。"人是人的未来"，只有在自觉中不断地超越，才能向着"成为你自己"的目标不断奋进。奥斯特洛夫斯基在《钢铁是怎样炼成的》一书里写过这样一句话"人的一生可能燃烧，也可能腐朽。我不能腐朽，我愿意燃烧起来。"燃烧的精神就在于全身心自觉、无私地奉献！只有自觉、无私地奉献，才能在奉献的过程中找到自己的人生坐标，才能关心千百万人民的冷暖疾苦，才能在为人民服务的无私奉献中燃烧自己，才能最终在人民心中找准自己的位置。

自觉是成功的引擎，是成就的需要。我将时刻自觉、自勉，在学习、生活的过程中不断深化自觉、创新自觉，让自觉成为人生不朽的指南。

同事们，让我们凝聚在一起，用自觉为大家庭结成信念不倒的围墙。让我们携起手来，用青春和热血铸就大自我、大家庭永久的辉煌！

获得听众对你的信任，还要求讲话者有足够的经验。如果你提出来的意见，可以让人家来质问"你的谈话，只是'现批现卖'完全从书本上看来的"，那你是一定要失败的。但是，如果讲述你自己的经验，那是一种真诚的力量和可靠的特质，而且也是听众最欢迎的，那他们就会对你很信任，你就获得了成功。

4. 公开赞美更加有效

许多讲话者经常在公众场合上对他人进行表扬。事实证明，这种激励方式虽然简单，但它产生的效果却是十分明显的。正如

下文，讲话者借助新年贺词的机会表扬下属。

2012年的钟声即将响起，寒冷虽然刺透骨髓，但阳光依然明媚，寒冷与温暖交织而存，严冬孕育着春天的气息。

在这辞旧迎新的时刻，在2012年到来之际，我代表益高卫浴、英纪华府家具向工作在各个岗位的陈氏家族全体家人致以最亲切的问候和良好的祝愿！恭祝各位新年快乐，身体健康，万事如意！共同祝愿陈氏家族事业兴旺！

此时，抚今追昔，我们感慨万千；展望前程，我们心潮澎湃。过去的一年是公司发展史上著有里程碑意义的一年；即将过去的2011年，是我们陈氏家族成立的一年，也是所有员工迎接挑战、经受考验、克服困难、努力完成销售任务的一年。

一年来我们在各店面老板和主管的带领下，以饱满的工作热情和奋发向上的精神状态，取得了不错的成绩。在这里，我感谢一年来全体陈氏家族人的不懈努力！

新的一年即将来临，我们在品尝美酒、分享喜悦的同时，还要清醒地认识到，在激烈的市场竞争环境中，我们依然面临众多的机遇和严峻的挑战，我们必须抓住新机遇，迎接新挑战，以高度的使命感和责任感来推进我们陈氏家族的持续发展，全力以赴，打造每个品牌行业第一！

因为有梦，人类社会拥有了灿烂的文明。同一个梦想，让我们聚成了陈氏家族一家人！我们坚信，有我们全体员工的众志成城，我们的目标一定会实现，我们陈氏家族一定会不断发展壮大，向着更高远的目标奋进，去续写明天全新的灿烂与辉煌！

最后给大家拜个早年：祝大家新春快乐，阖家幸福，身体健康，万事如意！

可以说，人的社会性决定了每个人都希望自己能够得到他人的肯定与社会的承认，更希望这种肯定和承认能够广为人知。别人在特定场合对他的表扬，便是对他热情的关注、慷慨的赞许和由衷的承认。这种关注、承认，必然会使他产生感激不尽的心理效应，乃至视你为知己，更加报效于你。同时，这种表扬，能够激发其他人的上进之心，从而努力进取去创造更大的效益。

大会表扬的魅力是巨大的，因为它公开承认和肯定了受表扬者的价值。既能对受表扬的人起到很大的激励作用，又会对其他员工产生推动作用。

5. 引起听众的共鸣

演讲不仅仅是你一个人的表演，更要通过与听众的交流来引起他们的共鸣。如果你想使听众对你的讲话表示赞同，你首先要使听众对你信任，相信你是他们最好的、忠诚的朋友。这是把你的意见传达给他们的一条正路。只要能够做到这一点，就很容易在发言中引起他们的共鸣。

　　解海龙是希望工程的发起者之一，有一次他到北京一所学校去演讲。这是一所"贵族学校"，学生大都从养尊处优的环境中来。还没等他开讲，台下孩子们便叽叽喳喳地响成一片，像个麻雀窝。解海龙见情形不妙，大声喊了几句，仍然不见孩子们安静下来。于是，他招呼一个老师过来，将灯关掉，礼堂便突然漆黑一片，随之也安静了下来。这时候，解海龙"啪"的一声打开了幻灯机，银幕上顿时出现了那张有名的"大眼睛"照片。同学们正聚精会神之际，解海龙突然提问道："同学们，你们家里有没有照相机啊？"下面齐声回答："有！"解海龙又问："你们会不会照相？"部分同学又一齐回答："会！"这时解海龙便指着下面的一位同学问："请你说说看，照相有什么样的意义？"那同学起身回答说："留着做个纪念呀。"解海龙说："好！作为留念——那就请大家看看，老师给这些山里孩子们拍的留念照片吧！"然后，他每放映一张照片，就介绍一个有关失学儿童的故事。这样一来，既抓住了同学们的注意力，又营造出一种与演讲内容相适应的肃然气氛，使同学们很快进入"规定情景"之中，激发了他们对贫困学生的关注和同情心。

　　解海龙就是这样利用讲述照片来历的故事，制造出一种严肃、安静的气氛，与听众形成情绪上的互动和共鸣。

禁止在公共场合吸烟的演讲有很多，可是，很多演讲者在开头都很鲁莽地发表了一些容易引起争端的言论。他一开口就说明他的坚决主张，竟无一些可以改变的余地，同时又希望人家舍弃原有的主张而来赞同他。结果当然没有一个人被他说服，因为他那鲁莽激烈的开头，早已失掉了别人对他的信任，他们早已准备好从各方面去反攻了。

演讲的时候，想让听众对你的讲话产生共鸣是一件很困难的事。

一位精明的演讲家，在开头的时候，就获得了许多人说"是"，这就是他已抓住了听众的心理，让观众完全跟着他的语言移动。

美国已故参议院议员安敦和哈佛大学校长罗威尔，他们在欧战结束后不久，就一同到波士顿去辩论国际联盟的问题。安敦感觉到大部分的听众，都对他的意见表示仇视，可是他必定要使听众都赞同他的意见。这怎么办呢？他是采用正面、直接的方法来向听众进攻的吗？不，他是一位极聪明的心理学家，他绝不肯去采用这样的笨方法，他开始就应用了演讲的技巧和手段。

校长、诸位朋友、诸位先生、我的同胞们：

罗威尔校长给了我这一个机会，使我能够在诸位面前说几句话，十分荣幸，我们两人是多年老友，而且都是信奉共和党的人，他是我们负有最大荣誉的大学校长，是美国最重要、最有权威和地位的人。他是一位最优秀的政治学者和史

学专家。现在，我们面对当前的重大问题，在方法上也许有所不同。但是，关于世界和平安全以及美国的幸福，我们的目的还是一样的。如果你们对我们有足够允许的话，我愿意站在我本人的立场上来简单地说几句。我曾用简明的英语，一次又一次地说了好多遍了，但是，有人对我有了误解，说是有些十分高尚的人士，因为他们没有注意到我的意图，以致发生了误会，他们竟说我是反对国际联盟组织的人。其实，我一点也不反对，我渴望着世界上一切自由的国家都联合起来，成为我们所谓的联盟、法国人所说的协会。只要这个组织能够真正联合各国，各尽所能，争取世界永久和平，促成环球裁军的实现。

任你曾对演讲者的意见有过怎样激烈的反对，他用了这样一个开头来说，你听了总得气平些吧！你当然愿意更多听一些，你至少相信演讲者他是正直的人。即使反对他最强烈的人，也无法对他有些相悖的意见。你在注意他怎样称颂听众的爱国热忱，他称听众为"我的同胞"。你再注意他怎样缩小彼此意见相悖的范围，敏捷而郑重地提出他们共同的思想。你再看他怎样赞美他的反对方，他怎样坚持着说他们的不同点只是方法上琐碎的小枝节，而对于美国的幸福以及世界的和平诸大问题，他们的观点是完全一样的。他更进一步地讲，说他也赞成国际联盟的组织是应该有的。

6. 利用口才鼓舞听众的士气

演讲者利用口才来鼓舞听众的士气，既可以从分析客观优势入手，又可以主要致力于解决听众主观上的心理问题。

（1）增强必胜的信心

分析优势，是增强听众信心的最为直接的方法。演讲者应具备发人之所未发的预见力和洞察力，努力控制潜在优势，并充分罗列优势的多方面因素，这样才能够使听众增加对于现状的信心。

毫无疑问，我们的确是吃了败仗，我们陷于敌人陆、空军的机械化部队的围困之中。我们之所以受挫，不仅是因德军人数众多，更重要的是他们的飞机、坦克和战略。正是德军的坦克、飞机和战略使我们的将领们不知所措，置我们于今天的境地。

但是难道已一锤定音，胜利无望，败局已定吗？不，绝不如此！

请相信我，因为我对自己说的话胸有成竹。我告诉你们，法兰西并没有失败。我们完全可以以其人之道还治其人之身，并有朝一日扭转乾坤、取得胜利。

因为法兰西并不孤立，她不是在孤军作战！她绝不孤立！她有一个幅员辽阔的帝国作后盾。她可以同控制着海域并继续在战斗着的不列颠帝国结盟。同英国一样，她可以得到美国雄厚的工业力量和取之不尽用之不竭的资源。

在这篇战时动员的演讲中，戴高乐先分析了法国所面临的困难状况，然后以高瞻远瞩的眼光向人民指出了法国的优势：有英国这样一个后盾。这一点是许多法国人不曾想到的重要因素，被戴高乐发掘出来，并作为反败为胜的最大武器告之民众，自然会增强苦难中的法国人民的反抗信心。

今后我们八个人就要同舟共济了。抵押承包，可不像张飞吃豆芽那样轻松，搞不好赔了夫人又折兵。我是不想把夫人赔上的，不知各位意下如何？这个食品店为啥由咱八个承包呢？这个"八"字，从古到今都是有魔力的字码。八卦图变幻莫测，含阴阳相济、相生相克的哲理于东南西北、于金木水火土最基本的方法和物质之中；八卦掌柔中有刚，在平缓绵延、滴水不漏的步法掌式中出奇制胜；咱八个人，又应了一句"八仙过海，各显神通"的古话。各位有什么绝招，不管是宝葫芦、芭蕉扇，还是何仙姑的水莲花，都可以使出来。

演讲者抓住听众的心理，在演讲中借题发挥，开发出一两个玩笑式的说法，讨一个吉利，也不失为一种有效的打气方法。本篇演讲者由"八个人承包食品店"这个事实出发，抓住一个"八"字展开巧妙的自由发挥，联想到"八卦图""八卦掌""八仙过海"等形象有趣的意象，并从中挖掘积极素材协调气氛、放松心情，使人在一笑中增强了信心。

（2）消除听众的疑虑

恐惧感往往来自错误的诱导与想当然的臆断。市井间的人心惶惶常常都是庸人自扰。演讲者要想点燃听众心中勇气的火花，必须拨开雾障，澄清事实，清除听众因不知实情而产生的恐惧感。在必要的情况下，甚至也不排除塑造一种所需要的"真实"的可能。

战争并不像那些从未打过仗的人想象得那么可怕。作家们夸夸其谈，说什么会思念你们的母亲、情人和妻子（妻子也是你们的情人）。这些作家们既没有听到过一声敌人的枪声，也从未耽误过一餐饭，他们不是按照战争的本来面目来描写战争，而是按他们的想象来描写。

战争是人类所能参加的最壮观的竞赛。战争会造就英雄豪杰，会荡涤一切污泥浊水。所有的人都害怕战争。然而，懦夫只是那些让自己的恐惧战胜了责任感的人。责任感是大丈夫气概的精华。美国人可以为他们都是好汉而感到自豪，他们的确是好汉。

这是巴顿将军在战士们出征前所做的一次演讲，在演讲中，巴顿驳斥了某些认为战争"很可怕"的论调，淡化了战争残酷的一面，强调了战争"壮丽"的一面，指出战争是荡涤污浊和检验男人责任感的一场竞赛。人们应当为战争英雄而感到自豪。战争是否真如巴顿所说的那样"壮丽"其实并不重要，重要的是巴顿创造出了他所需要表达的"战争"，而这样的"战争"将激发起军人们自豪的热情和无畏的气概。

> 敌人并不像某些惊慌失措的知识分子所形容的那样强大，魔鬼也不像人们所描绘的那样可怕。谁能否认，我们红军曾屡次把大受吹捧的德军打得仓皇而逃呢？如果不是根据德国宣传家大肆吹嘘的声明来判断问题，而是根据德国的实际情况来判断问题，那就不难了解，德国法西斯侵略者正面临着崩溃。现在饥饿和贫困笼罩着德国，在4个月的战争中，德国已损失士兵450万人，德国血流殆尽，人员后备宣告枯竭，不仅陷于德国侵略者压迫下的欧洲各国人民，而且连看不到战争尽头的德国本国人民都充满了愤怒的情绪。德国侵略者正是在做垂死挣扎。毫无疑问，德国侵略者是不能够长久挣扎下去的。再过几个月，再过半年，也许一年，希特勒德国一定会由于其罪行累累而崩溃。

这是斯大林面对德国法西斯的全面进攻向军民们发表的演讲。斯大林首先批驳了国内某些胆小鬼悲观的论调，引导人们的目光越过气势汹汹的德国军队，投向德国本土后方，分析了帝国主义的基础正是如何的危机四伏。斯大林独具的眼光，使人民看到了德国法西斯的软弱之处以及战争发展的必然趋势，这有利于军民们看穿德国侵略者"纸老虎"的本质，消除听众的疑虑，从而增强必胜的信念。

7. 用各种方法打动听众

要想在演讲中打动听众，就必须对你的语言进行组织，用各种方法突出亮点，来引起他们的关注。通常的方法有以下几种：

（1）大小的换喻

运用相像的方法，可以使一个很大的数目，因为分配在长时间段，且和日常某种微小的费用相比的缘故，所以看起来像是很小了。

某一个人寿保险公司的经理，对他的下属讲保险费的轻微，他说："假使有一位不到30岁的人，自己刮脸，每天省下5分钱的刮脸费，存下作为保险费，他死后可以留给家属1000元。假使有一位34岁的人他每天本来要吸两角五分的香烟，现在，把这吸烟的钱省下来作为保险之后，不但可以多活若干年，死后还可以留给家属300元。"

在另一方面，用相反的步骤，把小数目加在一起，也可以显得是一个很大的数目。有一个电话公司的职员，曾把并不重要的1分钟积累起来，用以去感动市里不肯立刻去接听电话的人们。他说："每100个接电话的人中，总有7个人听到铃声后要迟1分钟才拿听筒答话，每天像这样耗损的时间有100万分钟"

（2）用一点数字

数字作为数量本身是没有感动人的力量的，必须用实例来证明，最好用我们自己最近的经验来证明。

一位演讲家在巴黎市参议会演讲关于劳工的情况，讲到中途突然停了下来，取出他的表，站在那里眼看着听众有1分12秒之久，坐在椅上的其他参事员，都觉得奇怪，互相用惊奇的目光，望着演讲家再望望身旁的每个听讲者。这是怎么一回事？他忘掉了演讲词一时讲不下去了吗？不，他继续再讲的时候说："诸位，方才大家都感到局促不安的72秒钟，就是每一个普通工人造一块砖头所用的时间。"这方法有效吗？他竟使全北京的报纸，都登载了这段新闻。

你看下面的两种说法，哪一种最有力？

"北京的四星级饭店，共有屋子1.5万间。"

"北京四星级饭店的屋子，如果叫1个人每天换住1间，住40年还不曾完全住到。"

请读下面两种说法，看看哪一种给你的印象最深？

"在欧战之中，英国用去约70亿金镑或是340亿美金。"

"你不会吃惊吗？这次的欧洲大战，英国耗去的金钱数目，等于1个人从哥伦布发现新大陆一直到现在，日夜不停地每分钟用去68金元；等于从1066年诺曼底公爵征服英国一直到现在，日夜不停地每分钟用去68金元；等于耶稣降生以来，日夜不停地每分钟用去34金元。换句话说，英国共用去340亿美金，但是耶稣降生到现在，还只有10亿分钟。"

（3）适当重复些

把一件事情重复申述，这也是使听众接受我们的意见的一种方法。要使大家能够相信并且接受一种真理，只讲一两次甚或是10次是不会成功的。要使真理深印人心，必须要再三地申述。正如电视中常常播放的很多广告那样，把同样的内容连续播放几次。因为听众若是连续听那一件事，在不知不觉中就把那一件事默默地安置在脑海中。

重复申述固然优点不少，但也是一个危险的工具。因为，如果没有十分丰富的不同措辞，就会显得重复而讨厌，你这个弱点被听众抓住了，他们将不能再安心坐着，而是时时要拿出表来看看时间了。

（4）一般与特殊置换

当你用一般的说明和特殊的例证的时候，听众很少会感觉讨厌。因为，这是有趣而容易引人注意的一种方法，可以帮助你阻止听众产生与你相反的意见。也许你会记起报纸上刊载世人华贵

生活的新闻，而对我这句话生出疑虑。所以我要使你相信，最好是举出一些实例来。譬如把我亲眼看见的种种富人生活说出来，才有使你得出和我同样结论的可能；而且你也不会来问我"这话是从何说起的"。举出实事来让人自己去求结论，比用现成结论的力量要多三五倍。

8. 加强听众的现场感

每个人都渴望成功，但并不是每一个奋斗者都能够得到命运的垂顾。对许多人来说。对失败、挫折、痛苦的体会远远要比对成功的体会浓烈得多、深刻得多。演讲者要善于抓住人们的这种心理，对情境进行细节描写，深入分析追求者遭受挫折的意外或不公平的因素，加强听众的现场感。

下面我们看一下一位身残志坚的考生的心灵告白：

岳从利就是本人。两月前以优异的考分进入本科阶段，但却被冷酷地打入了死档——因为我是残疾人！我愤愤不平：难道因为残疾就剥夺终生上大学的权利吗？我要上访陈述我的理由，我相信党的政策和政府的英明！于是，我发出了这封郑重而急切的陈情电报，恳望招生办能慎重地考虑一下！

我的名字叫"从利"，可我走过的21个春秋，却从未顺利！出生不足3月就失去了右手，被抛入中国5000万残疾大军之中，残疾人在那时被称为"残废"，几经争辩，才改掉了"废"字，但至今在很多人的心目中，"残疾"是与"残废"画等号的！升学、就业、婚姻以及其他不公平的待遇使很多残疾人自卑自贱，而我不这样！我认为残人有为而全，全人无为而残！老天不公平与我们无关，只要我们尽力而为，起码会问心无愧！

刚刚7岁，我面临人生第一次抉择，要么上学，要么蹲在家里不上学，前途是再明白不过的，"残废"一个！而上学，又谈何容易？上学，需要用手写字，而写字，我们习惯于用右手写字，但我，恰恰失去了右手，留下个左手，岂不成了聋人的耳朵——摆设一个吗？如果失去的是左手，也许要好一些，可残酷的现实却是……

老师来到我家，目光里是疑惑，一脸问号："你上学能行吗？"我挥挥左手攥成团的小拳头："我为什么不行？老师，您就让我试试吧。"老师还是摇摇头，我也干脆，"扑通"一声就给老师跪下了："您不收我这个学生，我就再不起来了。"老师拉起我来，流下了感动的泪水，她默默地看了我好久、好久……

我，就这样成为新中国的一名小学生。

万事开头难，笔在我手下就像一匹脱缰的烈马，就是不听使唤，我身子转过来转过去，本子调过来调过去，笔调过

来调过去，可就是写不成字，刚倔的我，气得欲哭无泪！本子扔了，书包撂了，石板摔了，案子推倒了，铅笔折断了，精神也垮了！

老师轻轻地走过来。她捡起书、本子和铅笔，扶起案子，用柔和的目光看着我："再写一遍试试。"对，再写一遍！我又来劲了。我甚至感到可耻：我为什么就不行呢？我怎么能打退堂鼓呢？我来上学就是为了赌气吗？

一遍、两遍、三遍……我也记不清写了多少遍了。一天一夜，我终于写成了一个"毛"字！虽然歪歪扭扭，但毕竟成了一个字。我就这样歪歪扭扭地走出了人生关键的第一步！我今生今世再也不会忘记老师的叮嘱："再写一遍试试！"

"再写一遍"给我灌注了自信、自强的精神，我再也没有自卑过：你正常人能干的，我也能干；你正常人不能干的，我也能干！我很欣赏毛主席的这句诗："自信人生二百年，会当击水三千里！"

靠着"再写一遍"的精神，我以优异成绩考入了初中；靠着"再写一遍"的精神，我以优良成绩考入了县重点高中；靠着"再写一遍"的精神，我高考取得471分的成绩！而且，初三时有人出于嫉妒，给我编造了"桃色新闻"，迫使我离校3个月，患上了严重的神经衰弱和胃炎！高考前夕，我又突然患上了肝炎，使我整天身心憔悴，肝火上升……但所有这些，在我顽强的自信面前，也只好乖乖地低头走开！

靠着"再写一遍"的精神，我在写作上也不断有所突破。有人说我癞蛤蟆想吃天鹅肉，但文学这只"天鹅"我吃定了！当然，我现在还只啃了一点骨头。小学有范文，初中发报道，高中全国奖，中学把书出。通讯十几篇，杂文最痴情，小说最偏爱。《农村大众》介绍了我刻苦写作的事迹，山东电台、潍坊电台、《潍坊日报》等着重报告了我一赛获双奖的事迹。

而今，我却面临着落榜的厄运，录取的可能性极小极小，我是灰心丧气还是勇于进取？我仍然选择了后者。有理我为什么不争它一争？无枣我也要打它三杆子！

演讲者详细讲述了他在奋斗历程中几次较大的挫折，并分析了造成这些挫折的原因：先天的不幸，小人的暗算，社会的歧视，疾病的突袭……这些客观存在的、意外的和不公正的因素使他的奋斗充满了艰辛的汗水和酸楚的泪水，无法不令听众产生深切的同情。

奴隶主的残忍是罄竹难书的，……饥饿、血腥的皮鞭、锁链、口衔、拇指夹、猫抓背、九尾鞭、地牢、警犬，都被用来迫使奴隶安于他在美国为奴的处境。……（在美国）报上也时常刊登如下广告，叙述有的逃奴颈上戴着铁圈、脚上拴着铁链，有的浑身鞭痕，有的带着火红烙铁烧成的烫

伤——他们的主人把自己的名字的开首字母烫进他们的皮肉里。……不久前发生过这样一件事。一个女奴和一个男奴在缺乏任何法律保护作为夫妻的条件下结合在一起。他们的同居得到了他们主人的同意。但主人发现，为了他的利益起见最好把他们卖掉。他根本不询问他们对这件事的愿望——他们是不予以考虑的。一男一女被带到了拍卖台旁，喊声响了："瞧啊，谁出价？"想一想，是一对夫妇在待价而沽呀！女的先被领上拍卖台，她的四肢照例是被野蛮地展现在买主们面前，他们可以像相马一般地任意察看她。丈夫无能为力地站在那里，他对自己的妻子毫无权利——处置权是属于主人的。她被卖掉了。他接着被带到拍卖台上。他的双眼紧盯着走远的妻子；他以恳切的目光望着购买他妻子的那个人，乞求把他一起买去。但是，他还是被别人买去了。他就要同自己相亲相爱的女人永别了，无论他说什么话，无论他做什么事，都不能使他免于这次分离了。他恳求他的新主人让他去跟他妻子告别，但没有获准。在极度痛楚下，他挣扎着从新买他的主人那里冲向前去，打算同他的妻子话别，但是他被挡住了，并且当场挨了狠狠的一鞭，他马上被抓了起来。他太伤心了，所以当命令他出发的时候，他像死人一般倒在主人的脚边。

演讲中道格拉斯着重讲述了一对发生爱情的奴隶最终被冷酷的奴隶主生生拆散的悲惨故事，细致生动地描写了奴隶夫妇在被拍卖过程中肉体和精神上的痛苦。在对拍卖过程的描述中，刻画了奴隶主们冷酷无情的形象，使人如同亲眼看见一般，具有强烈的现场感，足令听者拍案，从而引发听众的思考与共鸣。

第五章　高效沟通，
让听众跟着你的思维走

　　演讲的机会很多人都有，但为什么有的人讲话平平淡淡，而有的人讲话却能引起听众的巨大反响？这里面最大的区别莫过于能否抓住听众的注意力。俗话说："话不投机半句多。"别指望别人会有足够的耐心仔细听你讲下去，你必须一开始就引起听众的兴趣，针对他们的心理需求发言，让听众跟着你的思维走。

1. 讲听众之所想，言听众之所为

听众的基本想法是什么？如果能够知道并应用这想法能大大提升演讲的效果。

在人们的欲望中，比想获得金钱的动机还要强烈的是"自卫的欲望"。因此，用"健全自己"来作号召，是一个最好的引诱人们来参加比赛的方法。例如，某城市的宣传，就是该城处处符合卫生食品公司宣传的产品可靠而又能增强体力。牛奶厂说他的牛奶卫生消毒且富有维生素；药商宣传他的秘方能治百病；宣传戒烟的人说吸烟足以杀身，这样的宣传足以引起我们爱护生命的一种欲望。

还有，就是让别人赞誉自己，使自己受到钦佩，自己感到光荣。有人认为这是比获得金钱的欲望更为重要的。

有一位政治家曾公开地对人说，在所有的讲话之中，凡是可以作为号召的理由，再也没有比用光荣和利益的号召更有效了。

人是感情的动物，谁都爱适意和快乐。我们喝咖啡、穿丝袜、上戏院、睡床而不睡地，就是为了要适意。所以，如果你所说的话能够迎合听众的想法，你便得到了有力的动机。这正如下篇演讲所说的那样。

　　"衣冠不整，谢绝入内"一向是一些高档酒店、饭店专用字样，一度引起了人们对于有关"平等、权利"话题的激烈讨论。在赞成与反对两种意见对垒之后，"谢绝"得到了绝大多数人的默许，毕竟高级酒店、饭店并非是任何人都去得起的。但是，城市公交车，作为很多普通市民选择的出行工具，是否也能够作出类似"衣冠不整，谢绝入内"的规定呢？现实中出现的尴尬使得这一问题被提了出来。

　　从法律角度来看，乘客是无权提出"衣冠不整者下车"的要求。任何人只要向公交公司购买了车票，就是与其订立了客运合同。只要他不妨碍他人的正常乘车，不要说是乘客就是公交公司也不能拒绝运送所谓"衣冠不整"者，否则就是对合同的违反，要负违约责任。

　　那么，公交公司是否有权对于"衣冠不整"者拒售车票呢？答案也是否定的。首先，我们从公交公司提供的服务的性质来分析，公交运输是一种带有公共福利性质的公共产品，是面向社会公众的公益服务。比起酒店、饭店等不带公益性质的服务行业来说，其签订合同的自由要受到一定限制，没有法定理由公交公司不能拒售车票，这是其法定的一种义务。在建设部、公安部共同颁布的《城市公共交通车船乘坐规则》第四条中，仅规定赤膊者、醉酒者、无人监护的精神病患者及无成年人带领的学龄前儿童，不准乘坐车、船，并没有禁止"衣冠不整"者不准乘坐车、船。法无禁止即自由，购买车票、寻求公交服务是每个公民不可剥夺的权利。如果上升到宪法层面说，依照《中华人民共和国宪法》第三十三条的规定：中华人民共和国公民在法律面前一律平等。对所谓"衣冠不整"者拒售车票，便是对他们在宪法上的平等权利的侵犯。

但问题还不仅仅于此，因为上面还只是解决了现有法律规定的问题，即在实际上是怎样。但是本次讨论还涉及"衣冠不整"者乘车对其他乘客甚至是大多数乘客权利的侵犯，因此我们还要解决的是应当不应当限制其乘车的问题。

首先，我们看看乞丐上车的问题，乞丐应当是最"不整衣冠"的人了。但是，没有人天生想为乞丐，除非一些所谓的"假乞丐"，这是由天生的缺陷与后天的环境造成，相信乞丐和许多"衣冠不整"者一样并非就自愿不整衣冠，实在是生活所迫，当然也有些人是生活习惯。但不管如何，让"衣冠不整"者上车对于大多数乘客而言损害的只是他们姑且说的"审美"权利和"闻见正常气味"权利。但如果不让他们上车，损害的是"衣冠不整"者享受公共交通服务的权利，这是一种更为重大的权利。面对少数弱者的更为重大的权利，我们有什么理由说，多数人的权利就一定优于少数人的权利呢？毕竟，"审美"的权利和"闻见正常气味"的权利可以暂时放弃，并不带来多大的损害，而享受公共交通服务的权利却无法替代。

其次，我们来分析提拿着鱼、虾等水产品的小贩的乘车权利。其实，笔者认为，这些不应列入"衣冠不整"者范围

内，因为他们不仅是以"衣冠"，而且是以提拿着鱼、虾的行动影响他人。他们不仅影响了大多数乘客"审美"和"闻见正常气味"的权利，而且从实质意义上讲，这种恶劣的气味已经影响到乘客身心健康、影响到大多数乘客正常乘车的权利。因为这些乘客把货物放在车厢通道上，搞得车厢地面及周边满是腥气，致使很多乘客不愿上车，结果造成高峰时段有车不能上。这时便涉及少数人乘车权利与多数人乘车权利之间的博弈，我们认为当然要优先考虑多数人乘车权利，兼顾少数人乘车权利，比如在高峰期禁止其上车，可开设不同价格的车次；公交公司也要提供更为优质的服务，如司机及时清扫车厢，保持车内卫生；这些乘客本身也要注意影响，做好包装等，尽可能不去妨碍他人的权利。

演讲者从听众的角度出发，了解他们的想法，从而在限制乘坐公交车的问题上获得听众的共鸣。

由此可见，演讲讲听众之所想，言听众之所为，这样更容易获取他们的认同，从而使你的讲话更容易感染听众。

2. 树立明确的演讲动机

人们之所以要讲话，总是有一定的目的性的，正如人们拿起工具总是有目的一样，没有动机的讲话是很少存在的，只是不同的人所说的不同的话的动机正确与否、高雅与否各不相同而已。所以，在你讲话之前心中必须树立明确的动机。

演讲成功与否完全可以从现场和直观效果反映出来，例如听众的表情和情绪等因素。他们或者捧腹大笑，或者义愤填膺，或者欢呼雀跃，或者泪水横流，或者高呼口号，或者掌声雷动，如果出现相应的效果就表明演讲目的符合听众的实用目的，引起了共鸣。但是现场的效果仅是表面的，你演讲的关键是演讲的内容必须打动听众的心灵。正如下面《理性看房价》以明确的动机，引起听众的反响。

在当前的中国社会，对于商品房的价格，可以说媒体讨论得非常热闹，有的媒体说房价要崩盘，有的媒体说还在上涨。美国的专业机构研究报告称中国的房地产市场已经到了看似"即将爆炸"的边缘。而事实上据有关机构公布的数据，即使是在国家各种调控政策竞相出台的情况下，全国商品房的价格并没有出现人们意想中的大幅度回落，反而经过一段波折之后又出现上涨趋势。

随着一线城市新房价格的再次上扬，这种涨势让越来越多的人感到不对劲，很多国内外的专家站出来论证我国房地产的泡沫论，甚至国内有部分专家提出要防止房地产商要挟国家整体经济。在这种情况下，政府终于也坐不住了，国务院要求建设部拿出分析报告来。在各种数据的显示下。决策者开始预感到了不安，政府部门指责房地产开发商，说是他

们利用政策漏洞和市场信息的不对称，恶意炒作致使房价上涨，以此来牟取暴利。而开发商也在抱怨政府，说是政府不合理的土地政策导致房地产价格的上扬，房价上涨并不是他们的错。

政府的指责，开发商的抱怨，专家的担忧，媒体的热闹，其中意味，对广大老百姓来说谁能弄得清楚，在一片涨势中，很多民众失去了理性的思考。房产大佬潘石屹说："各方言论都陷入不理智了。"但真实的情况到底是什么样？那么现在我们就来理性地分析一下商品房的价格，看看到底谁说的更有道理。

商品房也是商品，在市场经济条件下，任何一个东西要商品化一定有一个购买者可以普遍接受的价格，只有这样，该商品才能正常销售，这个价格我们认为是个合理价格。

那么商品房合理的价格究竟应该是多少呢？国外有个公认的评判标准，商品房的价格应该是普通家庭年收入的3～6倍。按这个标准我们来计算一下北京市合理的房价，很容易计算出来。扣除各种因素，现行的市场价格比合理价格高出了几倍。那么，北京现行商品房的价格是不是合理就显而易见了。

在中国，由于各地经济发展水平不同，商品房价格的构成到底是怎样的，这个问题目前没有任何专门的机构出来澄清，哪怕是透露任何一点点的信息。所以我们只能自己去猜测。

128

　　构成商品房价格的因素首先是建筑成本。

　　这里说的建筑成本就是从一块地上将房子盖起来的费用，其中包含人工和材料费用。对于普通农民而言，申请批块地，自己就可以盖房子，他们认为盖房子只要花工钱和建筑材料钱，也就是只需要支付盖房子的建筑成本。

　　那么建筑成本到底是多少呢？这个价格是大家想不到的低廉，在北京，2007年普通住宅的行价是每平方米600元，以这个价格就可以让人包工包料将房子盖起来。也就是说，如果你自己盖个200平方米的"别墅"，建筑成本最高也不过12万元。仅仅就盖房子而言，在城里盖楼，建筑材料和人工成本是一样的，因为其规模效益，建筑成本不会比这高，不过高层的房子，所花费的建筑成本要高一些。

　　这么说在北京真正花在盖房子上的钱一般不到房屋实际价格的二十分之一。

　　商品房价格的另一个构成因素是土地成本。

　　房子是盖在地上的，城里土地和农村土地不一样，是必须要用钱买的。要花多少钱来买，各个地方不同区域价格各不相同。在相关的报道里我找到了相应的信息，在北京1平方米土地的价格达到4000元并不罕见，在这里盖商品房，将来售价将达到20000元/平方米，这样说土地成本要占到房屋价格的五分之一。

　　但这其中还有一个问题，中国实行土地国有，政府出让的仅仅是土地使用权。按我国现行的土地政策，商品房土地

使用权最高是70年，70年后怎么办，很多人问到这个问题，但是没有任何机构可以作答。在深圳，这个问题已经显现出来了，有的房屋土地使用权到期了，土地已经没有使用权了，房子就成了"空中楼阁"。

上文讲话的动机是让听众理性看待房价，通过分析来拨开高房价的迷雾，从而引起听众的共鸣。

当然，听众是无数个个体的集合。由于他们年龄、性别、文化程度、兴趣、职业等不同，每个人的心理需求也各不相同。比如，林肯解放黑奴的演讲，听众有拥护的，也有反对的，可见其目的根本不同。即使目的都一样的听众，对同一内容的演讲也往往各取所需。但从总体上说，明确的讲话动机和听众个体的实用目的是一致的，紧密相连而又互为体现。

3. 通过暗示，让听众接受你的主张

演讲除了通过直截了当地表述自己的观点外，还可以通过暗示的方式，使听众在潜意识里接受你的主张。

美国哈佛大学的罗斯·特里尔博士说："当我们将一种思想输入他人脑中后，若没有引起相反的意见，就是那人相信它是真实可靠的证据，无须再以那个意见的真实性说服他人。"

比如说，有人在讨论会上说："中国所造的汽车轮胎质量都

很不错。"听众心里若不曾生出与此相反的意见，那么，大家当然是已经相信中国的汽车轮胎都是好的，自然也不必再做什么证明了。这真是一个十分重要的心理学发现。一切当众的讲话都可以用得着。

公元前300多年，希腊大哲学家亚里士多德说："人是有理性的动物——他的行动是很具逻辑的。"其实他把我们夸奖得太过分了，我们的行动，完全合乎纯粹的理性是少有的，多半还是由外界的建议和暗示而产生的。

暗示的功用，是不必提出什么证据，而使人心里接受一种意见，比方有人对你说"钢是硬的"时，我尽可不必加以证明，因为我只是表达一个事实罢了。当众会说话的人，他们常用提示的方式来提点听众，造成比用辩论方式更佳的结果。

人们相信一件事常比怀疑一件事容易。因为你对于某事产生怀疑，必须先对该事有相当的经验、了解和考虑。比如下篇针对房价的演讲就充分表明了这一点。

不管各方怎么说，我们可以这样认为："商品房的价格高于合理的价格，那么就含有泡沫成分。"我们感觉房地产业越来越像我国的股市，先是一路走高，其后是暴跌，到现在几度跌破心理价位。股市的泡沫是股民用真金白银填充起来的，挤除股市泡沫，挤掉的却是股民的现金，股民的血汗钱蒸发得连影子都看不到。房地产的泡沫也需要购房人的辛苦钱才能填充起来。

买股票最坏的可能性是持有的股票不值分文，但股票价格永远不会小于0。股市泡沫的挤除，损失由几千万股民来分担，对社会、对经济并没有太大的影响。而商品房泡沫的挤除，其结果就不一样了，现在买房子基本靠银行贷款，当房价下跌到房屋的市值低于欠银行的贷款时，买房人一定选择不还贷款，这样的结局是买房人以前支付的血汗钱化为乌有，银行也面临倒闭，由此引发的金融危机将是可怕的。东南亚经济危机时，这样的悲剧就发生在我们的身边。

政府机关已经看到危机苗头，最近某主管机关又说，因为房价下跌会影响金融安全，所以房地产还要平稳上涨……这种说法无法让人认同，当出现危机苗头时，不是想办法尽快扑灭，而是为掩盖暂时的危机继续为危机添加动力，当危机无法扑救大爆发时，其对整个经济、对普通民众的危害程度……这些官员们是否想过？

房价高低、涨跌本来是市场行为，应该由市场去评说，政府只需要营造一个理性的市场环境，把一切都摊在阳光下，就可以防止任何的暗箱操作，剩下的由让购房者自行去选择。这样政府和开发商不需要相互指责，也少了公众的质疑。

其实如果把我们深信的一切细加推究，结果大半是一种没有经过理智的推究。比方我们对于北原的满汉全席、四川的毛肚火锅、新竹的米粉以及台南的担担面，即使不是最好的，也会深信它们是最好的。这深信的判断，毫无理由可言，更没有与别种牌子的货品去比较过。这只是一种不合逻辑的武断和偏见，我们所根据的只是从各方面得到的暗示罢了。

人是一种接受暗示的动物。如果我们生下不久，在摇篮里就被印度人抱到印度去抚育，我们长大以后，自然也会和一般的印度人一样，从小就相信牛是神圣的，我们在街上碰到了牛，也会去与它接吻并对之崇拜。

现在我们来举一个十分普通的例子，来证明我们每天是怎样受着提示的影响。

你打算戒掉咖啡，你在踏进店后，心中早已打定这个主意。但如这时有一个并不高明的女招待走来问你"你要咖啡吗"，你至少会在心里发生要和不要的冲突。虽然，结果也许仍是你的自制力得到胜利。但是她说："你不要咖啡吗？"你一定会毫不犹豫地立刻回答一个"不"字。真不知有多少不曾受过训练的售货员，常常会对顾客说出这种愚昧不可及的反面的建议。最聪明的售货员，她常常这样问："你是现在要咖啡呢还是再等一会？"这结果，常使本来不想喝咖啡的你，不知不觉地说："现在拿来吧。"原来她在这句问话中，已经表示你是一定要喝咖啡的，只是迟早罢了。这样一来你的心中便不易生出相反的意见来。这类情形作者常常能碰到，读者也常常能碰到；只要你仔细考察，可以看见这种情形，一天中不知要发生多少次。赛特商场训练售货员对买客说："这东西你自己带去吗？"因为如果说："你要不要我们把这东西为你送去？"买主常会点头称"好"，于是自己觉得减少许多送货的费用了。

你曾否留心过，如果有人把一种主要的意见用诚挚而容易令人感动的语气对你说出来，你的心里常常不易生出相反的意见。因此，如果你想感动听众，就得先感动你自己。那时你的精神，自会通过你的眼睛、你的声音，而输入听众们的心底里。

4. 尊重你的听众，获得更佳的讲话效果

演讲要使你的听众对你的意见能诚挚地接受，是你讲话的核心。在这里，你应当用大部分的时间去讲述。你用心预备的一切材料，在这里是可以见到功效的。同时，如果你在事前缺乏预备，也可以让你出丑。一个人只能应用他已经知道的一切，因此他应十分清楚而且迅速地利用他的知识。

如果你对一个商业团体讲述一些影响他们的话，那你不单单是给他们指教，同时还要让他们来给你指教。你必须确切地探听到他们心中怀着怎样的意见，不然，你即使讲了半天，也不会讲到题目的深处，你必须让他们表达他们的心意，答复他们的异议，那他们才能安心地听着你讲。

三株集团的销售部经理曾经用过这个方法去顺利地解决了一个难题。公司因为成本关系而想略增售价，代理商和各商店的经理大都反对，因此柏特生就召集各地开会讨论这事。他首先请各人提出反对的意见，那些反对的意见，正像骤雨一样地向他射来，他就叫书记把这些意见一条一条地写下来，共计得到了100

多条，因为时间已晚，所以宣布散会。明晨继续开会，他就用数字和事实把各人的意见一条一条地加以驳倒，结果，大家对增价的建议毫无异议地默认了。

尊重听众，体现在你要准备的材料比实际要用着的应该多几倍。如果你演讲的时候，自己感觉到预备的材料丰富，你就可以放心直说而不致出丑。下面这篇惠普中国总裁的演讲，就充分体现了尊重听众的重要性。

今年5月份开始，惠普公司正式进入了一个崭新的阶段，各位都非常关注惠普公司的一举一动。可以说，合并的成功使惠普的发展进入了一个新的阶段，公司的规模、产品团队的队伍、市场地位等方面都得到了显著的提升。我们能够通过今天的聚会，让大家理解惠普公司对中国市场的管理，进行客户分享，汲取成功的经验。同时，我们也希望能够珍惜惠普董事会主席兼首席执行官卡莉女士访华的机会，与各位面对面地交流，希望大家对惠普公司的发展有一个更全面的认识。惠普公司自1985年成立以来，作为中国第一家中美合资的高科技企业，17年来取得的经验，见证了中国的改革开放，有了日新月异的发展。惠普在中国取得今天的成就，首先得益于与中国政府的长期合作。17年来，中国惠普不仅全力配合国家的各项政策，并通过一系列的合作与政府建立紧密的关系。我们与教育部签署合作计划，改进中国公司的IT管理软件及相关的技术服务，建立更多奖学金，以及

培养更多的专业技术人才。

中国惠普的软件产品在中国使用的同时，我们也非常重视在中国的产业发展战略对社会的贡献，这也是推动企业走向成功的重要精神之一。至今，我们已经在国内设立了与世界同步的工厂，实现强大的本地产能。我们希望通过这些组织，推动中国经济的发展。同时，我们也充分利用世界领先的外资公司，在上海落成软件解决方案与开发中心，它是惠普目前全球事业的软件制造中心之一。我们希望中国能够有一些新的技术，能够培养和造就更多成绩的高科技人才。

惠普的成功也离不开众多部门的支持和帮助，今天在座的很多来宾都是我们在产业方面的合作伙伴，也就是说，不仅关系到中国的发展，也关系到诸位公司业务的发展。

众所周知，采购对于企业管理具有举足轻重的影响，美国《哈佛商业评论》的报告当中指出，如果一个企业将采购支出节省5%，其获利将平均提高30%，特别是面对当前这样一个竞争环境、管理模式和管理手段都在发生激烈变化的时代，我们如何利用采购有效地降低和控制成本，已经成为提高市场竞争力、谋求稳定发展的重要手段。惠普公司一直都非常重视成本结构的优化，信息产业已经进入大规模生产的时代，我们必须把有限的资源发挥到更大的效果。通过合并，我们成功地推动业务、部门和全球事务、产品的生产成本的调整，使惠普在拥有强大产品组合的同时，同样能够以极具竞争力的成本结构，从市场竞争中脱颖而出。另一方面，我们同样要以先进的资源链管理体系与各供应商配合。在此要感谢各位供应商、合作部门的大力支持。

回顾过去的2002年，是惠普发展历史上变化最大的一年。全球IT产业持续低迷，而惠普与康柏合并，中国惠普就取得了较为突出的成绩。这些都让我们看到了惠普强大的力量，我们得到了客户和合作伙伴的支持。即将到来的2003年，惠普将众志成城，掌握机会，面对全球成长最快、最具潜力的IT市场，我们要将各个集团、产品、人员、市场定位及合作伙伴等众多优势有效地结合在一起，把握机会，让这蓄势已久的力量带动IT产业的发展。此外，惠普公司合并后，惠普与康柏之间有更多的合作机会以及更紧密的关系。同时，合并后的队伍有更多的全球合作，让更多的投资进入到中国，提升中国"世界工厂"的地位，推动中国事业的整体发展。

最后，就目前正在开拓的品牌，要让惠普科技、产业共享。不论是我们的客户还是合作伙伴，在合作中演绎科技的产品，逐渐达成共享的目的。

尊重你的听众，你才能尽可能地消除彼此间的分歧，获取他们的认同，从而获得更佳的演讲效果。

5. 让听众接受你的论点

在演讲的过程中，如果和听众辩论绝不会改变听众的心情，反而会使他们更加倔强，这是显而易见的事。所以如果一开始你就说"我要证明这个""我要证明那个"绝非聪明的办法，因为你的听众，一定将此认为是对他们做近于挑战的训舌，他们将自言自语地说："我们瞧你的！"

如果一开始就着重在讲些和你的听众意见相同的事件，然后再提出听众乐于解答的问题，那就便利得多了。你可以表现得好像在和听众共同讨论问题的答案，然后再把你观察得十分透彻的事实提出来，引导听众在不知不觉中接受你的结论，并对你有十分坚定的信心。所以说，好的辩论必须犹如解说。

无论双方的意见发生怎样严重的冲突而不能接近，演讲者多半可以找出一些相似点来互相讨论。即使一位西方企业家到中国来演讲，他也可以找出一些相同点和大家共同讨论。你以为这是不可能的吗？请看下面一位美国企业家在中国的讲话：

贫穷是社会上最残酷的问题之一，我们美国人常常感觉到：不论在什么时候，也不论在什么地方，美国是个十分慷慨的国家，在历史上无论哪一个民族都没有像我们这样慷慨地肯捐出钱来帮助人家。现在让我们还照过去一样的心

138

情、慷慨和精神上的不自私，一同来研究一下我们工业界的生活情形。并且，我们再看一下，是不是能够找出一些公平而正当的方法，可以使大家都能接受，来防止和减轻贫穷的罪恶。

很显然，他的观点很难反驳。在开头的几句话，绝不可以随意滥用，必须讲出一些站得住脚的话来才好。

"给我自由，否则，我死！"这句很多人都知道的名言是1775年美国政治家派屈克·亨利所发表的那篇著名演讲的结尾，但却很少有人知道亨利在进行这篇激烈的演讲时态度十分和缓而谨慎。当时一般人都争论着美洲殖民地是否应该脱离英国并对之宣战的问题，一种燃烧着的情绪激烈到了白热化。但是，亨利在开始演讲时，却先称誉着反对者的能力和爱国心。演讲到了第二段，他又怎样用问话的方式让听众和他一同思考，并且再让听众去下结论呢？他演讲的前面两段是：

总统先生，刚才讲话的几位先生，你们那种爱国的热忱和卓越的能力，我想不论什么人都能够加以深刻的认识。不过，一件事叫意见不同的人看起来，情形往往互异。所以，我所发表的意见，如果和你们发表的意见恰巧相反时，希望不要认为我是对你们不尊敬，那我才敢自由而毫不隐讳地讲下去。现在我们并不是讨论形式的时候，我们所讨论的问题，关系我们国家的生死存亡，关系我们民族是自由或是成

为奴隶。由于这个问题十分严重。我们实应有发表意见的绝对自由。我们唯有如此，才有发现真理的希望，才能尽我们对上帝和国家的责任。如果在这时候怕激怒他人而不敢把自己的意见表述出来，我以为这是犯了叛国的重罪，并且还不忠于上帝。

总统先生，一个人喜欢向好的地方去幻想，这是一个极自然的现象。他们情愿在海神的歌声中，由她把他们变成兽类而灭亡，却不愿看见一个悲哀的事实。但一个聪明机智而准备为自由而挣扎的人，也应该这样做吗？我们难道也愿意做一个有目不能看、有耳不能听的人吗？不，我自己就绝对不是这种人，我不管精神上受了怎样的痛苦，非把整个真理认识清楚，非早些准备起来不可。

莎士比亚的名剧《裘力斯·恺撒》，中间有一段是马克·安东尼在葬恺撒时的演讲，这是最圆润而妥善的一个典型，是莎翁借了剧中人物所讲的一篇最著名的演讲。

在当时，恺撒是一位罗马的独裁者，所以难免政敌的妒忌，想把他推倒而夺他的大权。于是，在布鲁塔斯和贾苏斯的领导之下，有二十三人联合起来把他刺死了。马克·安东尼曾做恺撒的国务大臣，而且是一位名作家兼名演讲家，他在国家的政权方面，可以完全代表政府，所以恺撒对之十分倚重。在恺撒被刺后，暴徒对安东尼怎样呢？也把他杀了？不，他们以为流血已够，再牺牲他也没有什么意思，倒不如把他拉到自己的阵线上来，借他伟大的势力和动人的口才来加强自己的能力。这主张似乎很有理，于是他们就照此主张去试办。他们找到了安东尼，为了要借他的帮助，还允许他对那位差不多统治全世界的人物的尸体说几句话。

古罗马市场的演讲台前，躺着恺撒的尸体，疯狂的群众，大家都对布鲁塔斯和贾苏斯以及杀人犯表示同情，对那踏上讲台的安东尼，反而怒气冲天。安东尼的目的，想把崇敬布鲁塔斯和贾苏斯的人们反过来变成极度的愤恨，并且要煽惑平民暴动起来杀掉那些凶手。他举起了双手，全场喧哗声完全静止了，于是他开始演讲。我们看，他的开端是怎样的巧妙呢？他对那些杀人犯赞誉着：

> 因为布鲁塔斯是一位有荣誉的人。
>
> 他们都是的，都是有荣誉的人们——
>
> 他不向群众争辩，他慢慢地、细心地把恺撒的事迹提出来，他说恺撒怎样用战俘赎身的钱来充实国库，穷人号哭时，恺撒也流泪；恺撒怎样拒戴王冕，恺撒怎样立遗嘱，把私产作为公有。他把提出了事实作为问题，让群众自己去下结论。他所提出的不是新证据，乃是群众偶尔忘掉的："所有要说的都是你们已经知道的事。"

安东尼用魔术式的口吻，激起了群众的情绪，引起了群众的怜悯，燃烧起群众的愤怒。安东尼机智的言语使听众在不知不觉

中接受了他的论点，最终为恺撒正名。

6. 用简单明了的话，传播你的想法

让听众听得懂，是明确表达演讲者演讲主题的根本。这就要求你在发言的内容上下功夫，以最简单明了的话，传递你的想法，体现你的主张。

为什么很多人在发言的时候大都不能把一件最普通的事理说得十分明白易懂呢？这是因为他们所说的事情，连他们自己都模糊不清，好像一架摄影机，在烟雾中照不出清楚的相片一样。要想听众听得懂你的意思，不妨先让自己试着理解一遍。比如下篇演讲，演讲者先自己了解要表达什么意思，才能让听众也能听得懂。

向着成功努力的过程，乍一看，就像一条黑漆的隧道，望不到头，比如高三毕业班的学生，每天有做不完的作业、忙不完的事、睡不够的觉，许多人每天都要"头悬梁锥刺股"地挑灯夜战，每天在"两点一线"之间劳碌……一天天的生活就像复印机里印出来的，一切都在重复。别忘了，太阳是新的！全新的，是一种最美的心境！

新的太阳，难道这不是一种希望吗？每天都看见希望，就像是在黑口的夜里看见曙光，难道这不是一种幸福吗？是的，沉重的负担压得我们几乎崩溃了，太高的期望将我们紧紧地钉在地上，但也许最沉重的负担同时也是一种生活充实的象征。

尼采说，受苦的人没有悲观的权力，所以我们不一定要向着胜利微笑，但面对暂时的困难，我们必须微笑，而且是会心地微笑。

埋首于通向成功征途，是必须真真正正"埋"下去的，这段日子需要休沉下来、静下心来，只有保持"心静如水"的状态，才能投入最后的冲刺。

我们好比是在乘一辆车前往目的地，沿途的风光很美、很诱人，但是你最好不要为了他们牵扯太多的精力，而要使目光一直朝着终点的方向看，如果忍不住跳下车去欣赏暂时的美景，这辆车就开走了，也许你会看到另一辆车，也许最后你同样到达目的地，但那也不是你人生准点的时刻了。

人生在特定的阶段有着特殊的使命。求学的阶段，就是为实现人生目标迈出重要一步的时候，如果错过这个机会，你将追悔莫及，所以狠狠心，女孩子们暂且丢下那些漂亮的衣服和浪费时间的打扮，男孩子们抛开那诱人的漫画书和电脑游戏，放一放那一段遥不可及的"青苹果"之恋吧！夏天不摘秋天的果，摘下来，食之不甜，弃之可惜，所以还是等到收获的季节里再去品尝丰收的喜悦吧！

搁置一下与前进无关的心事，抬头望天，用心灵看世界，因为太阳常新。

轻轻对自己说："如果没有我，世界将少一个人欣赏这美丽的太阳。"就是这样一种心境，让你始终把精彩留给自己！

春天，鸟语花香，微风拂面；夏天，百花开放，蝴蝶飞舞；秋天，天高云淡，红叶似火；冬天，寒风刺骨，白雪皑皑；无论寒来暑往，春夏秋冬，太阳照常升起……

知足者常乐，不知足者常进，很少有人能知道需付出多少努力才能实现心中的梦想，我们只能不断前进、前进，再前进，"一万年太久我们只争朝夕"！

只争朝夕，在你茫然的时候；只争朝夕，在你沮丧的时候；只争朝夕，在你懒散的时候，只争朝夕，在你还拥有梦想的时候；太阳每天都是新的，生活永远充满希望，现在就开始吧，把握每个瞬间，不要再犹豫！

要想说服别人，首先要说服自己。只有你先懂自己说的话，才能让别人也听得懂。

7. 激发听众的同情心

和激发人们起来反对邪恶的正义感一样，在鼓动听众对遭受不幸的弱小者提供帮助或是号召人们反对某种不公正现实的演讲中,常常需要最大限度地激发听众的同情心。人人都有悲悯的天性,当演讲者强调弱小的、美好的事物遭受残害时,人们的悲悯之心就会被激发出来。

　　王军山老人有三个儿子,一个女儿——30多年前捡的家门口一个弃婴,她含辛茹苦地把他们抚养成人,她感到欣慰、感到满足,亲友们都羡慕她福气好,将来吃穿不用愁。她节衣缩食地盖起了楼房,相继给儿子们成了婚,并且成了孙子们的"廉价保姆""全自动洗衣机",带孩子,煮茶饭,样样都得干。一年又一年,孙子长大了,她还不得休息。按理说,劳动了大半辈子,也该让晚辈伺候伺候享享清福了。可是,那一大群儿孙们,为了老人的赡养问题,相互推诿,争吵不休,而且大动干戈,将年迈的老人像踢皮球一样踢来踢去。可怜的王奶奶买了那么多的房子竟无栖身之地,聚集了那么多财产竟无吃喝之处,她悲痛万分,后悔自己养了一群狼。时间一长,老人身体每况愈下,慢慢地丧失了自理能力,这更加加深了儿孙们的厌恶,他们绞尽脑汁,寻求方法,想着如何把老人处理掉。有一天,儿孙们凑到一起,来到神志不清的老人面前,说是送老人去医院,要老人什么也不要说,然后把老人送进了火葬场,可怜的王奶奶久久地躺在拉尸车上,静静地等着医生来为自己检查,想着回家怎么报答儿子们对自己的关照……朋友们!你们不要以为这是耸人听闻,这是发生在我们身边活生生的事实啊!

这是一篇为得不到儿女关怀的父母们鸣不平的演讲。演讲者向我们讲述了一位辛辛苦苦地抚养孩子长大成人的老母亲的悲惨遭遇，通过老人被儿孙活着送进火葬场这样一个令人发指的事实。把这位母亲的遭遇推到高潮，并不失时机地发出感叹，使听众在震惊之余产生了对老人深深的同情。

下面是丘吉尔动员英国人民起来反对德国法西斯而做的演讲。他先是描绘俄国人民艰苦而美好的和平生活，勾画了一幅淳朴、安宁的生活画卷。然后，描绘了法西斯暴徒正用令人发指的方式践踏这片美好的土地，并使用了比喻、拟人等修辞方法，使其更加生动。前后鲜明的对比带给听众以巨大的心理反差，极大地激发起听众对俄国人民的同情和对法西斯的痛恨。

　　过去的一切，连同它的罪恶、它的愚蠢和悲剧，都一闪而逝。我看见俄国士兵站在祖国的大门口，守卫着他们的祖先自远古以来劳作的土地，我看见他们守卫着自己的家园，他们的母亲和妻子在祈祷。是的，有时人人都要祈祷，祝愿亲人平安，祝愿他们的赡养者、战斗者和保护者回归，

　　我看见俄国数以万计的村庄正在耕种土地，正在艰难地获取生活资料，那儿依然有着人类的基本乐趣，少女在欢笑，儿童在玩耍，我看见纳粹的战争机器向他们碾压过去，穷凶极恶地展开了屠杀。我看见全副戎装，佩剑、马刀和鞋钉叮当作响的普鲁士军官，以及刚刚威吓、压制过10多个国

家的、奸诈无比的特工高手，我还看见大批愚笨迟钝、受过训练、唯命是从、凶残暴戾的德国士兵，像一大群爬行的蝗虫正在蹒跚行进。我看见德国轰炸机和战斗机在天空盘旋，它们依然因英国人的多次鞭挞而心有余悸，却在为找到一个自以为唾手可得的猎物而得意忘形。在这番嚣张气焰的背后，在这场突然袭击的背后，我看到那一小撮策划、组织并向人类发动这场恐怖战争的恶棍。

善有善报是古今中外普通百姓们共同的祈愿。演讲者如果能够抓住人们的这种心理，强调善良的愿望和行动所遭到的不公正结局，也会引发听众的同情。结局越不公正，后果越悲惨，听众寄予的同情就会越深。

每个人的内心深处都或多或少地珍藏着一些美好的东西，保留着一些美好的愿望。如果强调这种不公对美好事物的毁坏，会迅速激起人们疼惜与保护的愿望。演讲者应致力于通过完整的事实阐述与细致的细节描写，把美好的事物描绘得令人心动，把遭受的破坏表现得触目惊心，使听众产生如临其境般的现场感。身临其境者之所以有比局外人更为深切的感受，正是因为他们比后者目睹到了、触摸到了更生动、更真切的人与事。这种现场感会带给听众十分强烈的印象，使他们对不幸者的遭遇报以更为强烈的同情，从而达到演讲的目的。

8. 让主题更加形象化

通常情况下，眼睛看见所给我们的印象远较耳朵听见的深。科学证明，刺激我们眼睛而引起注意的事物，比刺激耳朵所引起的注意要多25倍。所以如果你希望你的讲话令听众明白，你最好把要点十分生动地描绘出来。把你的意见，形容成一个形象来给听众"看"。

美国石油大王洛克菲勒曾做过一篇演讲，述说他怎样应用视觉的方法，把科罗拉多州的经济状况解说清楚："我发觉科罗拉多州煤铁公司的伙计们，都在想象洛克菲勒的家里曾经从公司榨取了很多的利益。我有跟他们解释确切的情况，并且明白地告诉他们，我们和该煤铁公司发生关系的14年中，对于普通股东未曾发一分钱的红利。有一次，我们在开会的时候，我拿一些钱放在桌上，然后拨开一部分，表示我们支出工资的实数，因为公司支出的第一项便是工资。其次我又拨出一部分钱，表示职员薪金的支出数目，所剩下来的，算是经理和董事们的报酬，这样，就没有钱分给股东们了。于是我又说：'诸位，你们要知道，本公司是由你、我、员工理事以及股东四方面合股经营的，现在我们三方面多少得到了一些报酬，而股东方面不曾得到分文，这是不是可以称为公平的？'我解释完了，接着有一个工人站起来发表演讲，要求增加工资，因此我就问他：'股东未得分文，你却要求增加工资，这也算公平的吗？'他承认有些不公平，以后我便不再听到要求增加工资的事了。"

用视觉来视察的实物，必须说得确定，而且把心中的图画，描绘得像在落日前看壮丽的湖景一样的清楚。比方我们说一只"狗"，虽然可以立刻叫人家想象到那是一只动物，但是，这究竟是一只哈巴狗或是其他品种的什么狗呢？我们说"这是一只雪白的小哈巴狗"，这不是更清楚而引人注意吗？

如果无法引用直观的事物来帮助讲话者宣明主题，不妨使用那些广为人知的事情来使主题更加形象化，看下面这篇演讲。

"神舟"升空，上九天揽月；"非典"远遁，靠万众一心。过去的一年，给了我们太多的感动和兴奋。在"非典"肆虐的日子里，中华民族凝聚起无坚不摧的巨大力量，焕发出民族精神的强大生命活力。"团结统一、爱好和平、勤劳勇敢、自强不息"的伟大民族精神进一步发扬光大，它是我们中华民族不屈的脊梁。

"多难兴邦"，这一饱含哲理的话语，是中华民族发展历史的写照。鸦片战争以来，西方列强以坚船利炮敲开了中国的大门。腐朽的满清政府签下一个又一个丧权辱国的不平等条约。黄河在哭泣、长城在哭泣、虎门的炮塔在哭泣。然

而，伟大的中华民族没有屈服，三元里、义和团，孙中山、毛泽东，一代又一代，前赴后继，百折不挠。最终，东方巨龙从千年的沉睡中苏醒过来。

在伟大的民族精神激励下，我们创造了一个又一个的奇迹，战胜了一次又一次的挑战，涌现了一批又一批的优秀儿女。抗日战争胜利，两弹一星争先。三峡大坝蓄水，神舟五号飞天。从林则徐到杨靖宇、从邓稼先到杨利伟，民族精神薪火相传，民族的脊梁始终挺拔不屈。

1998年夏天，长江告急、松花江告急、嫩江告急，咆哮的洪水像脱缰的野马，践踏着受灾人民的生命财产。危难时刻，全国人民伸出了援助之手，子弟兵从四面八方赶来了，救灾物资从四面八方运来了。一双双有力的大手握在一起，它们扼住了洪魔的咽喉，挽住了人们的生命。在水与火、生与死的考验中，传承着中华民族的伟大精神，谱写了一首首壮丽的青春之歌。非典疫情，又是一场严重的灾难。在灾难面前，在抗击非典的斗争中，像一座熔炉，锤炼着坚忍不拔、不屈不挠的品格，使人们的精神境界得到新的升华；像一所学校，充满了智慧和力量，使人们受到了民族精神的教育。

"万众一心、众志成城"，中华民族强大的凝聚力再一次得到了体现；"团结互助、和衷共济"，全国各族人民同心同德、携手奋进；"迎难而上、敢于胜利"，中国人民的英雄主义气概一览无余。一个伟大的民族，越是在困难的时候，越是表现出他的坚强和不屈，在抗击非典斗争中涌现出的可歌可泣的英雄事迹，为伟大的民族精神增添了新的光彩。

一座不垮的大厦，必定有挺拔的栋梁；一个不倒的巨人，必定有刚直的脊梁。伟大的中国就是一座不垮的大厦，伟大的中华民族就是一个不倒的巨人。千百年来，中华民族之所以能够历经磨难而不衰、饱尝艰辛而不屈、千锤百炼而愈加坚强，靠的就是这种威力无比的民族精神，靠的就是各族人民的团结奋斗。我们是炎黄的子孙，是中华民族的新一代。黄河在我们的血脉中流淌，长城让我们永远刚强，"神舟"使我们的天地无限宽广，传承了五千年的民族精神，正等待我们去大力弘扬。

演讲时不能单靠言辞去使听众了解，必须把听众的注意力抓住。形象化的具体事例比空口说白话易于说服听众，也能发生很大的效力。因为它不但可引人注意，使人感到兴味，并且可使我们的意思格外让人易于了解。

第六章　掌握控场技巧，及时救场不让局面失控

　　演讲并非总是一帆风顺，因为你的听众并不完全都是你的拥护者，总有诋毁你的人，总有厌恶你的人，总有想使你难堪的人。他们会抓住你的漏洞，进而攻击你，破坏你的演讲，以达到其目的。面对演讲时可能遇到的各种危机，你要镇静地面对尴尬的局面，静下心来快速应变，及时弥补自己语言上的缺失，巧妙地回击那些不怀好意的挑战。使你的演讲能够顺利地度过"雷区"，从而取得原本应该得到的效果。

1. 培养应变和控场能力

演讲者要想取得良好的演说效果，还应该具有应变和控场能力。即善于临场察言观色，以便把握住听众的心理变化、兴趣要求，及时修正、补充自己的演讲内容，为演讲成功打下良好基础。

著名演讲家刘景斓讲述了他自己的亲身经历：

有一次在三峡演讲，那是多年前，那个地方会场非常简陋，糟糕到什么程度呢？下大雨，那个楼底下开始漏雨。有人提出会场后面开始淋雨，也就是说有20个人的那块区域，根本没法听课。这个时候，我首先把大家调整到前面，然后呢？采取一些方法，把它修补好。

还有一次在西郊宾馆，现场50多人，突然停电了。夏天7月份，空气非常炎热，没有空调了，大家很担心，这么多人，万一有什么状况怎么办？

我开始大声讲了。"在座的各位，停电是考验一个人自我情绪控制的最佳时机。从现在开始，我们开始计时，训练每个人自我情绪控制能力，坐在这里不要动，做深呼吸。然后开始思考，这一天我们学到了什么东西，并且不用在灯光下面，找一页空白的纸，把它写下来。"20来分钟以后，电

突然来了，每个人打开纸发现，写了好几页，又学习，又成长，又体验。

对于现场出现的突发事件，大多是我们事前没有预料到的，这就需要演讲者临场发挥，避免尴尬局面。

美国大律师赫尔有次为当事人辩护，不小心摔倒在台角，衣服撕开了口，帽子也掉了。出现这样的情况是律师的不幸，本来听众应该安静，寄予同情，可下面却爆发出笑声、掌声和口哨声。这时，赫尔很镇静地走到中间，微笑着向着听众：

"对不起，各位，此时此刻，我太激动了。一是为我的当事人，二是为了大家，激动得使我手足无措。衣服破了不要紧，帽子掉了不要紧，只要真理在心中。"

律师面对听众的嘲讽，不是针锋相对，而是及时化解。话一出口，台下掌声乍响，此时的掌声是发自内心的。

那么，一个成功的演讲者需要哪些应变与控场能力呢？

（1）控制感情，掌握分寸

当发生意外情况时，要镇静，要有好的心理素质，能控制感情，掌握分寸。不要在讲台上惊慌失措，更不要因急躁而冲动行事。

（2）从容答题，妙语解脱

演讲时，常有听众提出较尖锐的问题，欲"把你逼上绝路"，这时候该怎么办呢？要学会从容地回答听众提出的问题，特别是那些乍看起来十分棘手的问题。有的人采取压制的方法，发火批评，喊"别吵了，安静下来"，这样只会使自己陷入窘境。有的人则采用以诚相待、妙语解脱的办法，变被动为主动。

（3）巧妙穿插，活跃气氛

如果会场沉闷，要尽快调节，巧妙穿插，活跃气氛。演讲者使用穿插的方法，除了把事理说得更形象、更深刻外，还可活跃现场气氛，增加听众兴趣。比如，讲个笑话、讲个故事、谈点趣闻、唱支歌等。

（4）将错就错，灵活处理

要想在演讲中避免说错话是相当困难的。如果一旦出错，在这种情况下最忌讳两点：一是搔头挠耳，二是冷场过久。有人观察得出这样的结论：在演说过程中冷场15秒以上，听众中就会有零星笑声；冷场30秒以上，就有少数听众的笑声；冷场时间再长一点，听众就会普遍不耐烦了。

演讲过程中，如果是漏了个别字句的小错误，只要无伤大雅，不予更改为好。如果是讲了一段之后突然忘了下一段该说什么，那该怎么办？卡耐基介绍了几种方法，我们可以借鉴一下：

① 就地换掉话题，用上段结尾中的句子来发挥；

② 向听众提出问题；

③ 如果实在是大脑一片空白，就应该临时编一段较完整的结束语，有礼貌地结束。

2. 随机应变，控制局势

人生在世，很难真正做到一帆风顺。在演讲的过程中，同样会碰到一些意想不到的事情，也许是你的言语失态，也许是周围环境令你始料不及，也许是对方反应不如事先预料的那样敏捷。种种因素让你要么发言被迫中断，要么效果大打折扣，甚至你本来要传达的理念在各种因素的干扰下"变味"。所以，当发言遇到尴尬的时候，就要学会控制环境，也就是要随机应变，控制局势，才不致使自己进退两难。

有一次，著名作家马克·吐温一行20余人参加了道奇夫人举行的家宴。

宴会不久就出现了常见的情况：每个人都在跟自己身边的人谈话，慢慢地，大家的声音越来越高，整个会场乱糟糟的一片，简直不像是在举行宴会，而是处在热闹异常的菜市场之中。

道奇夫人面露难色，但她不能扫了大家的兴致，马克·吐温也觉察到了这些，但如果在这时大叫一声，让人们安静下来，其结果肯定会惹人不快，甚至闹得不欢而散。怎么办呢？

马克·吐温心生一计，便对邻座的一位太太说，要让他们安静下来，办法只有一个："您把头歪到我这边来，仿佛对我讲的话听得非常起劲，我就压低声音讲话。这样，旁边的人因为听不到我说的话，就会想听我的话了。我只要叽叽咕咕一阵子，你就会看到，谈话会一个个停下来，接着便会一片寂静，除了我的声音之外，不会再有其他任何声音。"

那位太太将信将疑，但她还是按马克·吐温的话做了。于是马克·吐温低声讲了起来：

"11年前，我到芝加哥去参加欢迎格兰特将军的庆祝活动，第一个晚上设了盛大的宴会，到场的退伍军人有600多人。坐在我旁边的是××先生，他耳朵很不灵便，有个聋人常有的习惯，不是好好说话，而是大声地吼叫。他有时候手拿刀叉沉思五六分钟，然后会突然一声吼叫，吓你一跳。"

说到这里，道奇夫人那边桌子上的嘈杂声果然小了下来，人们开始好奇地看着马克·吐温，寂静沿着长桌，蔓延开来。马克·吐温用更轻的声音一本正经地讲下去：

"在有位先生不作声时，坐在对面的一个人对他邻座讲的故事快讲完了。我听到他说'说时迟，那时快，他一把揪住了她的长发，她尖声叫唤，哀求着，然而他还是无情地把她的脖子按在他的膝盖上，然后用刀子可怕地猛然一划……'"

此时，马克·吐温的目的已经达到，餐厅里一片寂静。他见时机已到，便开口说明为什么要玩这个游戏。他是想请大家记住：参加宴会的人要有素养、要顾及他人的感受，在谈论的时候最好一个一个来，而其余人都要全神贯注地

倾听。

人们愉快地接受了马克·吐温的建议，晚上的其余时间里大家都过得很开心。而马克·吐温也很得意："我一生中从来没有任何时候比这次更高兴了，这主要是因为我伟大的举动，我能够维持秩序、控制环境……"

尴尬的环境有时并不是自己的因素。但如果遇到别人针对你的提问，而你的回答又可能导致不可预料的后果时，更应该冷静对待。

在演讲时，尴尬局面的出现，往往是刹那间的事情，如果缺乏镇静，大惊失色，那只能是手足无措，乱上添乱。所以，遇到这样的场合，首先要做的就是保持镇静，冷静地观察局势，然后随机应变，机智巧妙地应付尴尬，甚至将尴尬留给对方。

3. 坦率地承认自己的错误

演讲时发现是自己错了怎么办？这是很多人都会遇到的情况。是急于为自己争辩，继续坚持自己的错误；还是果断地承认错误，扭转不利于自己的局面？当话已出口，错误在所难免的时候，掩饰和坚持只会让你落入下乘，会让听众觉得你的品行有问题。如果错真的在自己身上，倒不如坦率地承认自己的错误，用坦荡来减小错误给你造成的损失。

不用担心承认错误会给你带来更大的损失，因为错误早已发生；也不用担心承认错误会当众丢了面子。不管普通人还是伟人，一生都会有许多错误，所以，演讲出了错误也不是什么大事。对一个欲求达到既定目标、走向成功的人来说，正确对待自己过错的态度应当是：过而不文、闻过则喜、知过能改。

人们大都有一个弱点，喜欢为自己辩护、为自己开脱。而实际上，这种文过饰非的态度常会使一个人在人生的航道上越偏越远。过而不文需要一种坚强的纠错意识和宽广的胸怀。一般人做不到这一点，首要的原因可能是虚荣心在作祟。一向认为自己各方面的能力都不错，很少有失误发生，久而久之，自然养成了"一贯正确"的意识，一旦真的出现过错，则在心理上难以接受。出于对面子的维护，人们会找理由开脱，或者干脆将过错掩盖起来。另外的原因是怕影响自己在他人心中的威信及信任。其实，敢于正视自己的过错，可能会更加得到听众的赏识与信任。

闻过则喜、知过能改是一种积极向上、积极进取的人生态度。只有当你真正认识到它的积极作用的时候，才可能身体力行去闻听别人的善意劝解，才可能真正改正自己的缺点和错误，而不致为了一点面子去嫉恨和打击指出自己过错的人。闻过易，闻过则喜不易，能够做到闻过则喜的人，是最能够得到他人帮助和指导的人，当然也是最易成功的人。而知过能改则是使一个人在激烈的竞争中从一个胜利走向另一个胜利的关键。"过而不改，是谓过矣！"有了过失并不可怕，怕的是不思悔改、一味坚持的人，这种人是很难走向人生辉煌的！

格里·克洛纳里斯现在北卡罗来纳州夏恪特当货物经纪人。在他给西尔公司做采购员时，他发现自己犯下了一个很大的估计上的错误。有一条对零售采购商至关重要的规则是不可以超支你所开账户上的存款数额。如果你的账户上不再有钱，你就不能购进新的商品，直到你重新把账户填满，而这通常要等到下一次采购季节。

那次正常的采购完毕之后，一位日本商贩向格里展示了一款极其漂亮的新式手提包。可这时格里的账户已经告急。他知道他应该在早些时候就备下一笔应急款，好抓住这种让人始料未及的机会。此时他知道自己只有两种选择：要么放弃这笔交易，而这笔交易对西尔公司来说肯定会有利可图；要么向公司主管承认自己所犯的错误，并请求追加拨款。正当格里坐在办公室里冥思苦想时，公司主管碰巧顺路来访。格里当即对他说："我遇到麻烦了，我犯了个大错。"他接着解释了所发生的一切。

尽管公司主管不是个喜欢大手大脚花钱的人，但他深为格里的坦诚所感动，很快设法给格里拨来所需款项，手提包一上市，果然深受顾客欢迎，卖得十分火爆。而格里也从超支账户存款一事汲取了教训。更为重要的是，他意识到这样一点：当你一旦发现自己陷入了事业上的某种误区，怎样爬出来比如何跌进去最终会显得更加重要。

当你在演讲时不小心犯了错误，最好的办法是坦率地承认和检讨，并尽可能快地对事情进行补救。人们对错误都有同情、谅解之心，但对不承认错误的人却难以原谅。当你犯了错误时一定要想清楚这一点。

4. 及时改口补失误

坚持是一种美德，但前提是坚持的对象值得人们去坚持。当你失言时，坚持并不会给你带来赞美，只会让了解真相的听众产生厌恶。所谓的坚持也就变相成了"死硬"。

当你在演讲中觉察自己讲错话的时候，先镇定下来，再针对错话，巧妙地进行一番辨析。只要能够自圆其说，就不仅可以使听众谅解你的失误，而且能够让大家感受到你的机智和灵敏，从而产生独特的现场效应。

某市演讲与口才协会举办为期三个月的演讲培训课程。培训过程中，老师要求学员围绕"如何提高口语表达能力"这一话题发表即兴演讲。一位学员上台，发表了一番演讲，其结尾部分有这样一句话："同学们，还有一个月我们就要结业了……"一听这话，全体学员都笑了起来。他马上意识到自己把时间讲错了，赶紧不慌不忙地解释道："我知道还有两个月才结业。我之所以说成一个月，是希望同学们和我一道，把两个月的学习时间当作一个月来珍惜。这样，我们心中就时刻会有一种紧迫感，大家更会抓紧时间，努力学

习，提高口语表达能力。大家说，是吗？"学员们高声回答："是！"随即一起鼓起掌来。

这位演讲者的一番辨析，妙就妙在他在时间的长短上巧作文章，即兴发挥，居然把出现口误的尴尬转化成了听众赞同的掌声，你说妙不妙？

有一名员工在公司举行的演讲比赛中，根据规定，即兴发表了题为《员工不是扑克牌》的演讲。在演讲中，当"员工是可以由老板任意掌控和摆弄的扑克牌……"这句话一出口，他马上意识到讲漏了"是"字前面的"不"字。要知道，一字之差，意思就完全反了。怎么办？他急中生智，赶紧纠正道："这难道不是许多公司老板的错误看法吗？"一个反问句，就这样顺理成章地补救了自己的口误，让在场的听众丝毫都没有觉察出来。你说高明不高明？

当你讲错一句话并马上意识到错误的时候，紧接着用一个反问句进行否定，从而不露痕迹地达到补救目的。

某中学举行建校70周年校庆活动，一位外校的校长，作为特邀嘉宾，在庆祝大会上代表来宾即兴演讲。他走上讲台，一开口就这样讲道："今天是贵校建校70周年校庆的大喜日子，我代表学校……"话音未落，他就意识到自己讲错了，于是道歉道："对不起，我说错了，在这个讲台上，我只能代表来宾说几句话。倘若代表学校，岂不是反客为主了吗？是啊，我是校长，经常在会议上代表学校讲话，代表成习惯了，所以刚才就代表错了。看来，一个人无论在什么样的场合讲话，都不要忘记自己的身份和角色。否则，就会像我一样闹出笑话。我由此而想到，习惯性的思维定式真是害人不浅啊！突破定势，勇于创新，不正是贵校一直坚持的办学思路吗？"

将错就错，用一番戏言来进行解说。运用这种幽默风趣的表达方式，既可以轻松地补救失误，又能够活跃演讲的现场气氛，何乐而不为呢？

在演讲中，遇到失言的情况，有三个补救办法可供参考：

（1）移植法

就是把错话移植到他人头上。如："这是某些人的观点，我认为正确的说法应该是……"这就把自己已出口的某句错误纠正过来了。对方虽有某种感觉，但是无法认定是你说错了。

（2）引申法

迅速将错误言词引开，避免在错中纠缠。就是接着那句话之后说"然而正确说法应是……"，或者说"我刚才那句话还应做如下补充……"，这样就可将错话抹掉。

（3）改义法

巧改错误的意义，当意识到自己讲了错话时，干脆重复肯定，将错就错，然后巧妙地改变错话的含义，将明显的错误变成正确的说法。

5. 以谬制谬，摆脱困局

当你在公众场合的讲话因为对手的攻击而陷入困局时，首先要做到的是静下心来想一想，对方攻击你的借口是否完备？对方指责你的原因是否真实？对方本身在同一件事情上又做得怎么样？

当我们无法回应听众的指责时，不妨从攻击者的立场出发，假设对方处于自己的情况下会怎么做？把问题丢给发问者本身，让他看来如何回答。

此法是精心设计的心理过程，通过有效的诱导与转换，你会在不知不觉中突然面对荒谬，忍俊不禁。人们常说："以其人之道，还治其人之身"，此为制胜的一个妙法，它与"请君入瓮"的故事有着异曲同工之妙。

据《资治通鉴》记载，唐朝武则天的时候，有人告了周兴，武则天命令来俊臣审理此案。来俊臣假意同周兴喝酒，问周兴："逼供最好用什么刑？"周兴说："只要把犯人装进大坛子，架上炭火一烧，就什么都承认了。"来俊臣按周兴的办法准备好瓮，周围点上炭火，说："有宫里的命令要我审问老兄，请老兄入瓮吧。"周兴一看吓坏了，只好招供。

以谬制谬法，与上面的故事极其类似。但是人们读了上面这则"请君入瓮"的故事，绝不会产生幽默感。其中的原因在哪里呢？这正是这个话题所要谈及的，请看下面的这则幽默故事：

伏尔泰有一个很忠实的随身小厮，可他有些懒惰。

一天，伏尔泰对他说："儒塞夫，去把我的鞋拿来。"小厮赶忙殷勤地把鞋拿来了。伏尔泰一看惊呆了：鞋仍然布满昨天出门时沾的泥迹尘埃。他问道："你怎么早晨忘了把它擦擦？"

"用不着，先生。"儒塞夫平静地回答，"路上尽是泥泞污淖，两个小时以后，您的鞋不是将要和现在一样脏了吗？"伏尔泰微笑着穿上了，一声不哼地走出门去，小厮在他身后跑步追了上来："先生，慢走！钥匙呢？"

"钥匙？"

"对，食橱上的钥匙。我还要吃午饭呢。"

"我的朋友，吃什么午饭呢？两个小时后，你不也将和现在一样饿吗？"伏尔泰说道。

读了这则故事，我们一定会发笑。它不像"请君入瓮"的故事那样给人一种冷峻的感觉，它给人带来的是轻松——你看，小厮没有及时擦鞋，伏尔泰并没有严惩他，而是在他要食橱上的钥匙的时候，用以谬制谬的方法，揭示了小厮推理上的荒谬，因此导致了幽默。这时，我们就会明白为什么"请君入瓮"中不包含

幽默的因素了。因为它不含有荒谬的成分，完全是一出正剧，严肃占很大比重，说的是恶人有恶报，展示了恶人自食其果的可耻下场，与"伏尔泰的鞋"这则幽默故事不同。从心理学上讲，在演讲时候以谬制谬是一种精心设计的心理过程，它通过有效的诱导和转换，使人在不知不觉中突然面对荒谬，产生忍俊不禁的情景效果。

丘浚一次到杭州寺庙里去拜访一个和尚。这和尚猜度他不像个有钱又有势的人物，爱理不理的，对他很傲慢。就在这时，庙门前响起了一阵吆喝声，有个将军的子弟带了一班仆人，前呼后拥，前来拜佛。这和尚马上换了一副面孔，亲自走下台阶，躬身合掌，上前恭迎。

丘浚看了很不满，等到将军的子弟一走，就问和尚："你对我这样怠慢，对那些人却又为什么这般殷勤呢？"

和尚狡辩说："阿弥陀佛，施主，你误会了？你不知佛经上说'有就是无，无就是有'。刚才我是'接是不接，不接是接'啊！"

丘浚听了火冒三丈，从和尚手里夺过禅杖，狠狠将他打了几下，说："和尚莫怪，如此说来，打是不打，不打是打。"

这则对话的巧妙之处，在于和尚"接是不接，不接是接"的荒谬论断，丘浚的"打是不打，不打是打"的论断同样荒谬，但他是用和尚推论方法以谬制谬，使自己获得心态平衡。

6. 巧用幽默回击对方

在当众的场合用言语反击对手，并不意味着就一定要采取过激的言辞，那样只会让听众觉得你没有水准。如果能够就具体的问题，抓住对方的漏洞，或者从对方的话语中选取相应的部分，用幽默的形式反击对方，不仅可以降低双方的"火药味"，还能赢得听众的青睐。

幽默可以使人在受气时，以轻松诙谐的方式，理智地回击对方。人们在受气时往往头脑发热失去冷静，反击方式往往也是硬邦邦地出言不逊，结果使僵局更僵。幽默则可以使人在处境困扰中放松自己，以巧妙地语言体面地予以对方反击，收到既缓和气氛又恰如其分地反击的双重效果。

调皮式的幽默，往往化干戈为玉帛，使事态向良好的方向发展。这种反击方式，不是针锋相对、剑拔弩张，而是轻松谐趣，话语中透着善良、真诚和理解。言语心传，双方会意，在哈哈一笑中皆大欢喜。反击变成了逗笑，唇枪舌剑之争就巧妙躲过。因此，幽默是一种与人为善的积极反击方式。

冬季的北京寒气袭人，各家商店门口都挂着厚重的棉帘子。由于进出者一里一外，相互看不见，如果两人同时掀棉帘子，相撞之事自然在所难免。

一天，一位小伙子正掀棉帘子准备进去，恰好里面一位小姐也在掀棉帘子准备出来，同时迈出了脚。姑娘一脚踩在小伙子鞋上，冷不防打了个趔趄，不禁"哎哟"惊叫一声。小伙子忙伸手扶住并说了一声"对不起"，让开了道，让小姐先出来。

小姐出门后，看了小伙子一眼，说："你是怎么走路的！"咄咄逼人的责问令小伙子一时语塞。在门口踩脚本来双方都有责任，自己已友好地道歉了姑娘还不放过，小伙子也有些急了。

但他转念一想，人家是斯斯文文的小姐，踩了大小伙子的脚已有些不好意思，何况又在众目睽睽中被他扶住，更是不好意思。只是姑娘因自己的失态心中恼火，便不经意地把气撒到了这位"肇事者"身上。如此一想，顿时怒气全消，笑着说道："对不起，我是用脚走路的。刚才吓着您了。"

小姐一愣，随即扑哧一笑，"你这个人说话真逗，这不能怪你，主要是我没看见，脚也伸得快了一点，对不起，踩着你了。"

小伙子对姑娘的反击，完全是友好的。人用脚走路是正常的，怎么会吓着别人？小伙子以自己的幽默，巧妙地告诉小姐是我的脚害了你，暗示自己对她的理解和尊重。姑娘由责问到道歉，一场口舌之争得以避免，全靠小伙子善意的幽默。

先承后转，在自我打趣中暗藏机锋，令对方猝不及防。这种方法往往用于一些不适宜顶撞的场合或人。有时候，我们会置身于这样的尴尬境地：对方有意或无意地伤害了你，但对方是一位领导，你虽然受了气，面子上还得过得去；或者，碍于你的身份、地位，不宜直截了当地给予驳斥，但心中的确又非常不满。这时，不妨先以漫不经心、自我解嘲的口吻说几句顺着对方思路的话。最后话锋一转，得出一个令对方大出意外的结论。既活跃了气氛，又解除了尴尬。这种方式，一波三折，很有攻击力量，让对方措手不及，又不失自己或对方的面子，对方最后只能干笑两声了之。

萧伯纳的著名剧作《武器与人》初次演出，大获成功。应观众的热烈要求，萧伯纳来到台前谢幕。此时，却从楼座里冒出一声高喊："糟透了！"整个剧场立刻变得鸦雀无声，空气似乎凝固了一般。

面对这种无礼的行为和紧张的局面，萧伯纳微笑着对那人鞠了一躬，彬彬有礼地说道："我的朋友，我同意你的意见。"

他耸了耸肩，看了看刚才正热烈喝彩的其他观众说："但是，我们俩反对那么多观众又有什么用呢？"

顿时，观众中爆发出了更为热烈的掌声和喝彩声。

在这种情况下，对对方无礼的行为给予必要的回击，既是维护自己体面和尊严的需要，也是讽刺对方、批判错误的正当行为。但怒气冲冲地回击和辩论都不可取，最理想的方法是幽默地回敬。萧伯纳的话语，温文尔雅，表面看来似乎是对对方表示理

解，细细体味一下，则是一种强有力的反击。

总之，幽默作为在演讲中积极反击的方式，其根本特征就是具有准确的行为界限。它的有效性就在于能够根据周围环境预测自己的行为后果，据此确定自己反击的方式和反击的分寸，有礼、有节。

7. 适当沉默具有特殊的威力

在公众场合面对各种言语上的挑战，并不是每一个回合的交锋都需要你去应对。当你觉得对方的为人根本不值得你去争论，或者对方所说的观点完全与自己相驳，这时候，言语已经变成了多余，沉默才是你应该拿起的武器。

沉默是一种特殊的语言，具有其独特的使用价值，在演讲中、在某些情况下，恰到好处的沉默比口若悬河更有效。这就是人们常说的"雄辩是银，沉默是金"。只要我们因时、因地适当把握、运用它，沉默也能成为一种有效的表达方式，其效果有时甚至会超过直言抢白，具有特殊的威力。

适度的沉默是一种积极的忍让，旨在息事宁人。在人际交往中，各人的生活阅历、学识水平、社会地位各异，观察问题的角度和思维方式不同，见解必然迥异。然而，在一些无关紧要问题上的细小分歧，三缄其口、洗耳恭听、颔首微笑也是一种有效的处理方法。否则，各执己见、僵持不下、互不相让，只能令双方都不愉快。此时，若采取积极忍让态度，保持适度的沉默，撤出争论，表现出自己的宽广胸怀，则有利于促使对方冷静下来，缓和、化解矛盾，避免事态激化。有效地使自己避免、摆脱受气境地，这对对付一个特别矫情的对手来说更应如此。

老王和小张是处里的正副职。老王为人稳重，小张年轻气盛、好胜心强，常常为处理一些鸡毛蒜皮的小事同老王较劲。

两位领导若在办公室里当着下属的面争论不休，甚至大吵大嚷，既伤了彼此间的同事情分，又在下属面前丢面子，显然不妥当。老王对此采取了一种偃旗息鼓、洗耳恭听的策略，不与小张对垒。

当两人之间发生分歧时，老王先说明情况、表明态度，转而保持沉默。任凭小张言辞多激烈，也不与她强辩，不反击。小张肝火再旺，见此情景，也不好意思再强辩下去，渐渐冷静下来，进而心平气和地发表意见，甚至还做些自我批评。因此，两人虽性格截然相反，但工作配合得很默契，关系也算融洽。老王的沉默是理智的，其动机在于顾全大局，吃亏让人，避免无谓的争论。

轻蔑性沉默是对付无理挑衅的有效反击武器。当对方出于不良动机，对你进行恶意攻击、造谣诽谤或无理取闹时，如果你给予驳斥反击，可能又是同他无理可讲，反会使周围的人难以分清是非，反倒有损于你自己的形象和声誉。这时，你无须争辩，只

需以不屑一顾的神情嗤之以鼻，这种轻蔑性沉默会比语言驳斥更有效。

　　小朱和小吴是同班同学，学习都很出色。但小朱为人热情，性格活泼，关心班集体，因此在同学中有很高的威信，在班上第一个入党。小吴却只关心自己的学习，对同学和集体的利益则漠不关心。但他认识不到自己的问题，反而公开对小朱造谣中伤，在公开场合含沙射影地说："哼，啥叫入党！还不是靠送礼、请客、拉关系！这样的党员，是败家子！谁稀罕？"小朱明知他是在无事生非地找碴骂自己，不免怒火顿起，但和这样胡搅蛮缠的人争吵，又会有什么结果？还不是自己白白挨骂！不知情者说不定还会对他的话信以为真。于是，他强压怒气，对小吴轻蔑地冷笑一声，瞟了他一眼，转身而去。小朱的轻蔑性沉默，在当时这种情况下，比语言批驳显得更有力、得体，更能使周围的人洞察其中原委。

　　当然，沉默的方式和内涵多种多样，但总的来看，日常交际中，最常用的主要是这两种。在受气时，要做到沉默不语、积极忍让，并非易事。这首先需要宽广的胸怀和准确把握自己行为界限的能力。正如培根所言："假如一个人具有深刻的洞察力，随时能够判断什么事应当公开做，什么事应当秘密做，什么事应当若明若暗地做，而且深刻地了解了这一切的分寸和界限，那么这种人我们认为他是掌握了沉默的智慧。"

8. 保证语言反击的力度

正如没有人总是喜欢被动挨打一样，当我们在演讲的过程中，面对别人在语言上不怀好意的攻击，一味地招架只能使自己疲于应付，也会给其他的听众留下软弱的印象。在言语上有效地反击对方，是演讲中必备的要素。

在演讲产生冲突时，我们反击的目的是调节和改善自己所处的人际关系环境，是为解决矛盾而不是扩大矛盾。这是反击有效性的重要标志。良好的口才是战胜受气的一大法宝，但良枪在手，用不好也会走火，伤人害己。因此，利用语言进行反击，必须把握反击的有效性。

掌握语言反击的度是反击有效性的决定性因素。所谓度，就是界限。根据不受气的第一大准则，利用语言反击时，应按照自己对环境的敏锐判断，明确自己的优势和劣势，准确把握该说什么、怎样说、说到什么程度。也就是说，应根据对语言出口后可能产生的后果的准确预测，确定自己的语言界限。否则，语言不准确或不到位，则会使自己陷入被动尴尬的境地。

掌握语言反击的度，首先应具有明确的针对性，不要扩大打击面。在反击时，要抓住主要矛盾，丁就是丁，卯就是卯，而不应四面树敌，把本来可以争取的中间力量甚至朋友统统都推到与自己对立的阵营中去，使自己陷于孤立、被动地位。

在北京，乘坐公共汽车时，行李超过规定标准应额外买票已是众所周知，但外地人却未必了解这一规定。

一位肩扛大包的外地人上车后，因购买行李票同乘务员争执起来。他似乎也挺有道理，责问乘务员道："我坐火车走了几千里都没因行李多交费，单就你这公共汽车就该多交费？啥子道理！"一句话一下子把乘务员已到了嘴边的话给噎了回去，不知如何反驳。

过了半天，她似乎自言自语道："就这帮没素质的外地人把北京给搞乱了。"谁知，这趟从北京站开出的公共汽车上，乘客中三分之二是外地人。她这一句话如一石激起千层浪，乘客们纷纷质问乘务员："我们这些外地人难道都没买票？难道都不讲道理？这位老乡初来北京，是他不了解北京的规矩还是他故意蛮横无理？"

这位乘务员依照规章制度认真履行工作职责本没有什么过错，开始时她完全受大家支持，但她因反击时语言的度没有把握好，才使自己一步跨入了困境当中。这是我们在进行语言反击时应吸取的教训。所以，语言反击应三思而后行，话语出口之前先掂量。否则，话语出口如覆水难收，自己会更加受气。

其次，应控制打击的力度，不要一棍子把人打死，一句话把人噎死。在大多数情况下，反击时应为对方留一点余地，掌握打击的分寸。因为大多数人都爱面子，给对方留有余地，实质上是为缓和彼此间的冲突留下了回旋的空间，也为自己留了一步台阶。否则，你把他逼进了死胡同，他别无选择只能与你对垒。结果，双方剑拔弩张，到头来两败俱伤，还是没有改变你受气的境地，这并不是我们反击的目的。然而，在生活中许多人并不能深刻理解这一道理，似乎觉得反击得越狠越好，实际并非如此。所以说，语言反击是一门斗争艺术。

　　阿伟暗恋上了佳佳，但佳佳心有他属，并不为他所动。终于到了佳佳的生日，阿伟决定在生日party上"火"一把。在摇曳的生日烛光里，阿伟动情地唱起了"爱，爱，爱不完……"

　　佳佳感觉阿伟在大庭广众之中令自己很难堪，但她只淡淡笑了笑，以舒缓的语调说："看不出阿伟平时不声不响，原来歌喉如此优美。我们该为将来那位有幸拥有他深情歌声的小姐祝福。"

　　一句话，似是赞美，又似表白，于无声处给了阿伟当头一棒，但不知情者不会有任何觉察。既给阿伟留足了面子，又使自己轻松战胜了受气。

　　以上这两个方面，可概括为一句话：只有把握语言反击的广度和深度，才能保证语言反击的力度，有效地达到反击的目的，使自己避免受气。

第七章　恰如其分，
不同场合应对自如

　　日常生活中的人们，无论是各级领导干部，还是普通百姓，都经常参加各种活动。他们或是举行各种会议，或是接待各方来客，或是主持大大小小的典礼仪式，或是参加各种宴会……毫无疑问，在这些社交场上，任何人都要讲话，当你在这些场合遇到演讲的机会时，就是你一展风采、结识更多的朋友、展现自己言谈魅力的最佳时机。每个场合都有各自的特点，主动地去表现自己，在不同的场合应对自如，你的人生将更加精彩。

1. 竞聘就职的演讲艺术

竞聘演讲一般是在竞聘者考试成绩合格后，在一定范围内进行演讲，主要是介绍自己的工作经历、德才状况和竞争职位设想。就职演讲则是就职之初必不可少的一个重要环节。新官上任时一般都要发表就职演讲，以充分展示就职者的领导素质、管理才能和人格魅力。

就职演讲是新任某一特定职务的人上任时面对干部和群众所做的一种自我表白。就职者怀着真挚的情感发表演讲，应当让听众感到特别亲切、自然、平易近人。我们来看美国总统奥巴马的就职演讲。

今天我站在这里，为我们将面对的任重道远而感叹。感谢你们对我寄托的信任，同时缅怀我们的前人所做出的牺牲。感谢布什总统为美国做出的贡献，以及他在总统任期交接过程中的慷慨合作。

至此，共有四十四位美国人曾进行过总统宣誓。这一誓言曾在国家和平、欣欣向荣时做出过，然而这一誓词更曾在乌云笼罩和风暴袭来之时被宣读。美国人民之所以能够走过

那些艰难的时刻，不仅仅是因为领袖的能力或远见，更是因为我们人民保持着对先人理想的忠诚，对我们国家立国文件的追随。

对于我们这一代美国人来说，也是这样，也必须这样。

国家正面临危机，这一点大家已经没有疑问。美国处在战争之中，面对一个有巨大影响力、充满暴力和仇恨的社会，我们的经济严重衰退。这来源于部分人的贪婪和不负责任，更由于作为一个整体，我们未能做出面对一个新时代的艰难决策。人民失去房屋，工作机会减少，商业活动遭到破坏，医疗保障过于昂贵，学校教育系统出现太多失败；而我们对能源的使用，日益让对手强大，与此同时又威胁着我们的星球。

这些，是从数据和统计中可以看到的危机信号。还有难以度量但同样深远的问题，那就是整个国家信心的缺失。那萦绕在我们头上的恐惧，认为美国的衰败不可避免，认为我们的下一代人不可能再有太高的期望。

今天我要对你们说，我们面临的挑战是真切的、严重的，而且非常重。解决他们不可能很轻松，也不可能在短时间内发生。但美国人民，请记住这一点：这些挑战会被解决。

今天，我们聚集在一起，因为我们选择了希望而不是恐惧；我们选择了为共同的目标团结在一起，而不是冲突与争执。

今天，我们共同终结那些虚假的承诺、陈腐的教条以及指摘与怨言，这些已经困扰了我们的政治体系太长时间。

我们的国家仍旧年轻，但借用圣经中的话，该是抛开那些孩子气的时候了。现在，需要重新拿出我们的坚韧精神，选择自己的历史。我们要延续代代相传的宝贵礼物，延续神圣的理想，那就是上帝赐予我们的承诺——人人平等，人人自由，人人都有机会去追求最大程度的幸福。

在重温我们国家伟大的同时，我们必须明白，伟大不是凭空而来的，而是赢得的。在我们的历程中，从来没有走捷径或是退而求其次。这一历程不是为懦弱者准备的，不是为那些享乐高于工作、只知追求名利的人准备的。相反，是那些甘于承担风险的人，实干家、创造者——有些众人皆知，而更多的是在辛勤工作中默默无闻——是他们带着我们穿越漫长、崎岖的道路，走向繁荣与自由。

为了我们，他们把仅有的财物装进行囊，漂洋过海追求新的生活。

为了我们，他们开拓西部，在条件恶劣的工厂中流血流汗；他们忍受鞭笞，开垦贫瘠的土地。

为了我们，他们战斗和牺牲在协和镇、葛底斯堡、诺曼底和科萨恩。

一次又一次，这些男男女女，他们奋斗和牺牲；他们将双手磨破，为了给我们带来更好的生活。在他们眼中，美国超越了我们每个人雄心的总和，超越了个人、财富和派系的差别。

今天，我们仍在这样的历程上。我们仍旧是地球上最繁

荣、最强大的国家。美国工人们的效率并不比危机开始之前低。我们的头脑具有同样的创造力。我们的产品与服务和上周、上月或者去年一样有需求。我们的能力从未被削弱。但墨守成规、维护狭隘的利益、面对艰难的决策畏首畏尾的日子将一去不复返了。从今天开始，我们必须重新找回我们自己，掸去身上的尘土，开始重塑美国的重任。

环顾四周，有无数工作等着我们。经济状况期待着我们大胆和快速的行动。我们会付诸行动——不仅仅是创造就业机会，同时还要为未来的增长打下新的基础。我们将建设公路、桥梁和电网，以及将我们紧密联系起来、提供商业信息的数字高速公路。我们会重新树立科学应有的地位，并利用技术手段提高医疗保障的质量，同时降低其费用。我们将利用太阳、风与土壤，来驱动我们的汽车和工厂。我们将改革我们的学校和大学，以满足新时代的需要。这些都有可能实现，更会去实现。

现在，有人还在怀疑我们的信心——他们认为我们的国家无法承担这样的重大计划。他们太健忘了，他们忘记了这个国家曾经取得的成就；他们忘记了当拥有了理想、共同的目标和必要的勇气，这些自由的人民曾经取得的辉煌成就。

这些愤世嫉俗的人无法理解这个国家所发生的转变——那些陈腐的政治已经缠绕了我们太久太长。我们现在面临的问题不是政府太大还是太小，而是政府所扮演的角色——应该帮助家庭获得体面的收入，购买他们的所需，有尊严地退休。当这些答案都是肯定之时，我们才能继续前进。如果答

184

案是否定的，一切都将不复存在。我们这些管理公共财产的人应该负起责任——把钱花在刀刃上，改掉恶习，光明正大地行事——因为只有这样我们才能重塑人民和政府之间的信任。

市场力量的好坏不是我们的问题。市场在创造财富和推进自由进程方面是无可代替的，但是这场危机也提醒了我们没有审慎的监管，市场的力量将如野马一样脱缰——一个仅有财富的国家不可能持续繁荣。我们在经济上所取得的成功不仅体现在我们的经济总量上，也体现在我们的繁荣程度上，体现在我们为每个渴望成功的心灵所提供的机会上——这并非出自恻隐之心，而是我们实现共同利益的必经之路。

我们拒绝在安全和理想之间妥协。我们的建国先辈们，面对我们无法想象的凶险，却依然用几代人的鲜血维护了神圣的法律和人权。那些理想依然在照亮着这个世界，我们不会因一时的困难而放弃这些理想。我要对那些正在看着我们的国家和人民说，无论你身处繁华的都市还是像养育了我父亲那样的小村庄：对于那些追求和平与尊严的男人、女人和孩子，美国将永远是你们的朋友，我们将继续和你们一起前进。

我们是这种传统的捍卫者。我们继续追寻这些信念的指引，我们将直面这些挑战并更加努力，更多地沟通与合作。我们会负责地将伊拉克还给当地的人民，并在阿富汗保卫来之不易的和平。我们将与老朋友和原来的敌人一道，共同消除核威胁，解决全球变暖的根源。我们不会为自己的做法道

歉，更不会动摇捍卫和平的决心，对于那些崇尚恐怖、滥杀无辜的人，我们的精神是强大而不可战胜的。你拖不垮我们，我们将会打败你。

我们的多种族混居是一种优势。我们是一个由基督徒、穆斯林、犹太教徒、印度教徒和无神论者共同组成的国家。我们吸收了各种文化的精髓，从世界的每个角落学习。因为我们经历过内战和种族隔离的痛苦洗礼，并在黑暗中更加坚强和团结，我们无法保证，但是我们相信憎恨终将消弭、分隔终将散去。随着世界越来越紧密地联系在一起，我们共同的人性将显露出来，美国必须承担引领新时代和平的重任。

对于伊斯兰世界，我们将基于共同的利益和信仰，寻找更好的合作之路。对于那些在世界各个地方挑起冲突或一味批评西方不良影响的领导者：你的人民评判你的依据是你建立了什么，而不是破坏了什么。对于那些依靠腐败和欺骗并压制异议而追求权力的人们：你们站在了人类历史的对立面。如果你们能张开紧握的拳头，我们也将伸出友谊之手。

对于那些贫穷的人们，我们保证和你们一起建设繁茂的农场和干净的水源，滋养那些饥寒交迫的身体和心灵。对于那些与我们一样相对富裕的国家，我们不能再对外界的苦难漠不关心，更不能继续大肆索取世界的资源。世界必须改变，我们都必须改变。

当我们审视前方的道路时，我们会感激那些跨越千山万水来到这里的人们。今天，他们有话对我们说，也是安息在阿林顿国家公墓里的先烈们时刻提醒我们的。我们尊敬他们不仅因为是他们捍卫了我们的自由，更因为他们正是奉献精神的化身；他们致力于寻找远高于自身的生命真谛。而此时，在这个特殊的时代，我们更需让这种精神长存。

因为归根结底，政府所能做的，也是必须做到的，是体现每个美国人的信念和决心，这也是这个国家赖以生存的精神力量。这种力量是洪灾泛滥时，陌生人之间的温暖善举；是经济困难时期，人们自损利益保全朋友工作的无私忘我；这是消防员们毅然冲入浓烟火海的勇气，也是父母培养孩子的无私之心，这些都决定了我们的命运。

或许，我们今日遇到的挑战前所未有，所有的情况完全陌生。但是，我们赖以走向成功的价值观从未改变——诚实、勤勉、勇敢、公正、宽容、好学、忠贞和爱国。我们的历史亦由这些真理推进，亘古不变。如今，我们面对的是一个全新的责任时代——人人都需重视，对我们自己、我们的国家乃至整个世界，都有一份责任。我们会欣然接受这份责任，人生也正因此而充实。

这是公民的价值和承诺。

这是我们信心的源泉——上帝赐予我们知识以应对无常的命运。

这是我们所崇尚的自由与信念的真谛——这就是为什么今天，不同肤色、不同信仰的男女老少在此汇聚一堂；这就是为什么六十年前，一位父亲走入餐厅甚至无人理睬，而今天他的儿子可以站在这里，在你们面前许下最庄严的誓言。

所以让我们记住这一天，记住自己，记住为此的付出。

在我们的国家诞生之初，先辈们在最寒冷的日子里，围聚在结冰的河边靠微弱的篝火取暖。离乡背井，后有敌军，鲜血染红了白雪。就在革命的道路如此模糊，意志也开始踌躇之时，我们的国父有这样几句话：

"告诉未来的世界……当一切陷入寒冬，万物俱灭，只有希望和勇气可以长存……这座城市和这个国家，在共同的危机下团结起来，共同面对前方的艰难。"

美国，面对我们共同的危机，在这艰难的寒冬，让我们牢记那些永恒的字句。怀着希望和美德，让我们再一次勇敢地面对冰冷的现实，迎接任何可能的风浪。让我们的子孙传唱，当我们面对挑战时，我们没有怯懦、没有退缩，更没有踟蹰不前。我们在上帝的关爱下眺望远方，我们在自由的道路上。

演讲时，要体现语言的真切、朴实，切不可卖弄文采、矫揉造作。语言越是真切、朴实，越能充分体现一位领导干部的责任感和事业心。

2. 典礼仪式中的演讲艺术

典礼仪式包括节日庆典，开工、竣工典礼，发奖、授勋仪式，开幕式，签字仪式等。每当在典礼仪式开始的时候，主宾一般都要当众致辞，以表达对典礼仪式的庆祝之意。致辞包括欢迎辞和欢送辞。

欢迎辞是指代表组织或企业在宴会、酒会、茶话会上向客人表示欢迎和日后团结共事的愿望。开头表示对来宾的欢迎，中间对过去交情的回顾，最后表达今后进一步合作的愿望以及对前景的展现，当然也会依内容的不同而有所侧重。下文是吴敬琏在清华大学经管学院2011届毕业典礼上的致辞。

我很高兴能够接受钱颖一院长的邀请，来参加清华大学经济管理学院的毕业典礼，向2011届的同学们表示祝贺。

我今天想讲的题目，是《毕业以后》。为什么要讲这个题目？是因为参加同学们的毕业典礼，使我仿佛回到了多年前我从复旦大学毕业的时候，回忆起毕业以后的经历，所以在这个典礼上我愿意和同学们分享我走上工作岗位以后如何在师友帮助之下努力求索的切身体验，希望对大家有所启发。

"毕业"，意味着完成学业准备，迈步走向社会。在这个新生活的起点上，大概每一个人都会对未来生活有一番想望，对今后的人生充满了期待。特别是从清华这样的著名大学毕业，学的又是经世济民的本领，同学们更会觉得前面即使不是金光大道，也会是广阔天地。然而进入社会以后，可能不少人会发现，现实生活和原来想望有很大的差别，事情的发展并不像想象的那样顺利，于是就会产生苦闷彷徨的心

境。胡适1932年6月在北大毕业典礼上说，青年人在遇到这种情形时可能发生的"堕落"，大约有两类：第一是抛弃学生时代的求知欲望；第二是抛弃学生时代理想的人生追求。防止出现这两类"堕落"显然是决定人生去向的大问题，值得此刻深思。

我是在1961年前的1950年在南京的一所教会大学——金陵大学开始我的大学生涯的。两年后全国高校大调整，我转到上海的复旦大学就读。从那时开始，经济学教材都换成了苏联教科书。在往后两年受到的全部经济学教育，是要我们相信，只要学习苏联的榜样，建立起政府集中管理的计划经济，中国很快就能成为一个繁荣富强的工业强国。用当时的说法，叫作："苏联的今天就是我们的明天。"

1954年我从复旦大学毕业，被分配到中国科学院经济研究所。在上海到北京的火车上，我们分配去中央单位的复旦毕业生坐满半节车厢。那时，我们一路高歌，为理想即将实现而感到豪情满怀。

然而，进入工作岗位，接触现实经济以后，我却发现，实际情况和教科书上讲的并不相同。特别是1956年建立起苏联式的计划经济体制后，"管得过多，统得过死"的低效体制问题显露出来。但在50年代末，我仍然深信，只要按照既定方针，就能超越苏联所取得的成就，创造人间奇迹。但是事与愿违，"大跃进"反而导致了生产大幅度下降和大饥荒的发生。之后又发生了"文化大革命"十年动乱，中国的经济、社会濒临崩溃的边缘。

在1968～1972年期间，我们经济所的全体人员被下放到位于河南信阳专区的"五七干校"劳动锻炼。正是在这一时期，我的思想发生了毕业之后的重大转折。我们干校所在的河南信阳专区是"大跃进"时期的重灾区。据官方报告，在1959～1962年的大饥荒中，总人口800万人的信阳专区饿死了100多万人。对过去信以为真的理论和口号真相的发现，使我陷入了信仰和信心的深刻危机。

我最幸运的是在这一时期受到了干校难友顾准的帮助和启发，精神危机促成了我的一次重大思想转变。顾准是一位杰出的经济学家，中国最早的会计学教科书的作者，也是伟大的爱国者，是一位从青年时代起就参加共产主义运动的老革命家。他独立思想、桀骜不驯的性格却不能见容于体制，所以被两次戴上"右派"帽子。在干校期间，顾准带领我从研究世界经济史、宗教史、文化史、政治史入手，追问和分析中国为什么会出现"文化大革命"这种倒行逆施现象的经济、政治和文化根源。在他已被确诊为肺癌晚期，自觉时日无多，跟我做最后的长谈时，仍然反复地叮嘱我，不要在"逍遥"中浪费时光，一定要抓紧研究，以便在时机到来时，拿得出东西来报效国家。

这种时机果然在1976年到来了。"四人帮"被逮捕、"文化大革命"结束以后，顾准所倡导的对旧体制的深刻批判对形成变革的共识起了十分积极的作用。当我们这些经济学者认识到自己掌握的经济学知识完全无法满足建设新体制的需要时，并没有采取故步自封和自暴自弃的态度，而是

掀起重新学习经济学的热潮。经济研究所的许多研究人员参加了英语和经济、数学补习班。从1980年夏季到1981年夏季的一年中，经济所连续举办了"数量经济学""国外经济学""发展经济学"等讲习班，邀请海外知名经济学家讲授现代经济学。那年我正好50岁。

我在重新学习经济学时，又幸运地得到不少国外经济学家的帮助。其中，一些和我有大致相同的苏联社会主义政治经济学背景的"过来人"，像波兰的布鲁斯，特别是匈牙利的科尔奈，对我的帮助最大。我在1979年第一次出国参加国际经济学会圆桌会议时结识了科尔奈。虽然当时还听不大懂他的全套理论，但他在会上同苏联代表团团长哈恰图罗夫院士关于计划经济中短缺现象的激烈辩论还是给了我深刻的印象。从那次会议以后，我和科尔奈成为朋友。我学习他的著作，不只是了解他的经济学观点，例如他对计划经济中短缺现象的精湛分析；重要的是，他使我认识到，过去我们习用的从马、恩、列、斯、毛的引文出发"注经解经"的做法必须改变。作为经济学人，必须坚持以实践检验理论的求实精神，也就是实事求是的道德准则。这是我的思想在大学毕业后的第二次重大转变。

真是"皇天不负有心人"，天下没有白费的努力。由于认真的努力，中国在80年代中期开始出现了一批既掌握现代经济学理论，又熟悉中国实际情况，并具有组织执行能力的经济学者。经济学家积极地参与改革的设计和实施，使中国市场经济制度建设进行得比较顺利。有目共睹的事实是，市场导向的改革大大加快了中国经济发展的速度，到2010年，中国的GDP总量已经跃升到世界第二位。

回顾我大学毕业后50多年的经历，我感到，在现实与理想产生距离之时，学会批判性、分析性的思维方法，坚守实事求是的道德准则，是促使我不断探索经济学的真理和寻求中国改革的道路的两个根本动因。当我回首往事的时候，我为自己在人生道路上的关键时刻受到具有良知的师长的指点感到幸运。同时，我也为自己能够坚持不懈地努力，既不抛弃理想又不抛弃求知欲望而感到庆幸。今天分享我的这些转折和求索的经历，唯希望同学们能够坚持真理而非教条，努力思考而非盲从，这样才能在现实世界中保持理想、不断进步。

同学们即将走出清华，开始新的生活。在我看来，中国目前建立的市场经济制度还是一种具有过渡性质和有待完善的体制。你们所要面临的中国经济，在未来有可能出现各种复杂的变数。这是你们今天在毕业这个人生的关节时点上，应该有所预期和有所准备的。

在20世纪80年代中期，大多数中国的政府官员和经济学家达成的共识是，改革的阶段性目标是建立类似于日本、韩国、新加坡等东亚国家"二战"后建立的那种"政府主导的市场经济"。不过由于改革前计划经济的历史背景，我国目前的市场经济体制较之日本等国，政府主导的色彩更重。在这种体制下，政府过多地干预和一些大企业继续保持垄断地位，都使市场难以在资源配置中真正发挥基础性作用。

　　根据世界各国的发展经验，包括这些东亚国家后来的经验，这种政府主导的市场经济体制必须通过进一步的改革，提升为建立在规则基础之上的市场经济，即"基于法治的市场经济"。否则的话，一些长期困扰我们的问题，例如浪费资源、破坏环境和造成宏观经济波动的粗放发展方式难于转型，权力寻租的腐败行为蔓延滋长等也都很难得到解决。如果说中国至今经济发展的成功是基于从计划经济向市场经济的改革的话，那么今后的成功将在很大程度上取决于从政府主导的市场经济迈向基于法治的市场经济的改革。而这一转变，以及与之相关联的社会转型，都没有现成答案可以依循。这是我们国家未来面临的难题，也正是摆在同学们面前、需要大家去攻克的课题。

　　可以预计，在座诸君未来的行程不大可能总是一帆风顺，你们肩上的担子也不会比我们这一代人更为轻松。我希望同学们在遇到困难和障碍的时候，一定不要懈怠观望，不要丧失信心，不要放弃自己的人生追求，要学会批判性、分析性的思维方法，要坚守实事求是的道德准则，迎难而上，靠努力赢得进步。

　　最后，我想祝愿清华经管学院的毕业生们在关系人民福祉和民族兴盛的伟大事业中找到自己的人生道路！

　　欢送辞主要表达一种依依惜别之情以及对过去一段时间合作的肯定，结尾处则应有鼓舞、振奋和祝愿之语。

　　欢送辞还应注意措辞，讲究文采，适当运用名言、典故、成语、诗词或形象化的比喻等，恰到好处地道出他内心的祝愿。

3. 婚礼致辞的演讲艺术

结婚乃人生中的一件大喜事，妙语生花的致辞能使婚礼分外红火、热闹，不仅能使来宾们在笑声中享受到乐趣，而且能使人们增长知识、得到教益。婚礼上成功的演讲对于增进友谊、发展爱情，具有不可忽视的作用。

婚礼致辞也不例外。必须用幽默、风趣的语言，把来宾们的注意力吸引过来，借以渲染热烈气氛，为下面各项"节目"的进行做好铺垫。

各位来宾、朋友们大家好！很高兴大家来参加××先生和××小姐的结婚典礼。首先我代表二位新人向各位的到来表示衷心的感谢！今天是公元20××年的××月××号，农历××××。今天世界上两个最幸福的人，他们将携手走进这个婚姻的殿堂，即将开始他们的幸福生活，在这里让我们用幸福的掌声欢迎他们的到来吧！（有请新郎××新娘××入场！）[开始结婚进行曲]

[结婚进行曲中] 在这优美、抒情、浪漫的婚礼进行曲的伴奏下，在这个幸福的时刻里，在我们面前的这对新人，他

们心贴着心、手牵着手、面带着微笑向我们款步走来。这预示着他们幸福生活的开始。朋友们，让我们以衷心的祝福，为他们欢呼，为他们喝彩，为了他们完美的结合而热烈鼓掌，祝福他们拥有美好的未来！

（有请新郎新娘上台）今天，英俊潇洒的新郎和美丽漂亮的新娘终于牵手了。今天来参加你们婚礼的人非常多，可以说是高堂满座，各位的到来给你们的婚礼带来了欢乐，同时也使这里充满了幸福的气息。下面我就介绍一下今天的主要来宾（他们是双方的父母亲友、双方的领导、证婚人）。

（请新郎新娘感谢来宾的到来）

现在我就代表在座的各位亲朋好友问你们一个问题。××先生，您愿意娶您身边这位××小姐为您的妻子吗？无论是贫贱与富贵直到永远吗？（愿意）（掌声）那么，请问××小姐：您愿意在您身边这位××先生成为您的丈夫吗？无论贫贱与富贵直到永远吗？（愿意）（掌声）那么，让我们祝他们一生平安、前程灿烂、白头偕老！（掌声）

好，各位亲朋好友，站在你们面前的这对新人，他们从相知相恋，到今天的喜结良缘，成为合法的夫妻，可以说是天赐良缘。合法的夫妻需要有法律的保护，下面有请证婚人为他们颁发具有法律效力的证书。（证婚人上场宣读证书）

下面新人将向双方父母献上深深的感恩礼，敬茶并改口。（有请双方父母上台）

感谢父母的生育之恩：一鞠躬，感谢父母的养育之恩；二鞠躬，祝双方父母健康长寿；三鞠躬，向双父母敬茶并改

口。（请双方父母给我们的新人和来宾讲几句话）（合影）

下面两位新人互相行礼：一生一世一往情深，一鞠躬；心心相印恩恩爱爱，二鞠躬；三生有幸来宾作证，三鞠躬。（掌声）

接下来两位新人将互送新婚的信物并喝下新婚的美酒。（朋友们这紫红色的美酒将预祝他们今后的生活幸福美满，来宾们让我们再次祝福他们。）

向亲朋好友致谢礼。在他们生活和工作中，在座的亲朋好友、同学同事、单位领导都给予过他们帮助，在此他们将献上深切的致谢礼：感谢同学同事的关心，一鞠躬；感谢亲朋好友的关心，二鞠躬；祝大家身体健康万事如意，三鞠躬。

下面我们的新人将给我们带来一个更温馨的时刻，他们将点燃新婚的生活、爱情的烛光。[放抒情的音乐]

朋友们，这烛光充满了温馨，充满了爱，更充满了光明，今天××先生和××小姐在我们面前携手点燃了这新婚的圣火，愿他们今后的生活像这燃烧的烛光一样光明温馨，朋友们让我们用热烈的掌声祝福他们吧！

来宾朋友们在这美好的祝福和热烈的掌声中，在此我宣布××先生与××小姐的结婚典到此礼成。将新人送入洞房。

今天××先生和××小姐的婚礼是热烈圆满的，在此我代表新人向大家再一次表示感谢！下面请大家尽情享用这幸福的美宴吧。

妙语其实多得很，它既可以取材于生活，又可以取材于古今中外的文学作品，但值得注意的是妙语要有针对性，要切合新郎、新娘以及来宾的特点，即要考虑他们的文化程度、思想修养、生活习惯等。

有了良好的开端，事情就成功了一半。婚礼致辞要见景生情、即兴发挥，这样才能推波助澜，使婚礼的气氛益趋生动、活泼。

五月是一个浪漫的季节，今天是一个吉祥的日子，此时是一个醉人的时刻。因为，常先生与房小姐在这里隆重庆典、喜结良缘。从此，新郎、新娘将拥有一个温馨怡人的爱之甜梦，也开始了人生幸福热烈的爱之旅程。在这神圣庄严的婚礼仪式上，我代表××公司的3000多员工，向这对珠联璧合、佳偶天成的新人表示最热烈的祝贺。

俗话说："同船共渡，需五百世因缘。"相识本身是一种缘，能够相守更是一种缘。他们从相识、相知、相恋到喜结良缘，经历了人生最美好的时光，此时的天作之合又延伸了这种缘。婚姻是一份承诺，更是一份责任，愿两位新人从此互敬互爱、谦让包容，要像光一样彼此照耀，像火一样温暖另一半；要以事业为重，用自己的聪明才智和勤劳双手打造美好的未来；不仅如此，还要尊敬父母、孝心不变，常回家看看。

衷心祝福两位新人，生活像蜜一样甘甜，爱情像钻石般永恒，事业像黄金般灿烂。祝愿你们青春美丽，生活美好，生命精彩，人生辉煌。

最后，让我们共同分享这幸福而美好的时刻，祝大家身体健康、万事顺畅、吉祥满堂！

总之，在婚礼进行的过程中，借题发挥的机会很多，只要注意寻找、动脑思考，便可捕捉到。

既要"逗趣"，又要耐人寻味，这是婚礼致辞的主要特点。但幽默风趣并不等于无聊地插科打诨，更不等于庸俗地要贫嘴。

值此××小姐、××先生新婚大喜之际，我谨代表××所在单位——××市××学校党政工团以及5000余名师生员工向这对新人送上诚挚的祝福，祝他们花好月圆、携手到老、爱情永驻、同心永结！

××市××学校是一所国家级重点中专学校，××小姐是这个团队中一名优秀的青年教师。正如她的名字一样，她温文尔雅，她亭亭玉立，她关爱学生，她善解人意，她是学生眼中的好老师，她是同事眼中的好同事。她所辅导的学生动漫美术作品还多次获得国家、省、市级各类奖项。今天看到××先生也非常优秀，他曾经是一名军人，看××先生往××小姐身边一站，我们就知道花儿为什么这样红！

今天，我荣幸地作为证婚人在这里宣布：二位新人都达到了晚婚年龄，身体健康，两情相悦，符合《中华人民共和国婚姻法》的要求和规定，二位的结合合法、真实、有效。

请大家用掌声一起为他们证婚！

当然，在这里我还要提醒二位新人：有了小家不忘大家，家庭事业双丰收，孝敬父母乐哈哈！

婚礼致辞要含蓄、文雅，切忌低级粗俗。一位哲学家曾经说过："幽默是具有智慧、教养和道德上的优越感的表现。"有口才的婚礼致辞都长于用幽默、隽永的语言取代低级、无聊的玩笑，寓教于乐，使婚礼在欢声笑语中充满高尚的情趣。

4. 展会发言的演讲艺术

展会是一种通过实物、文字、图表等来展览成果、风貌、特征的活动。在这项活动中，发言者起着关键性的作用。由于展会的发言不仅要有宣传性、鼓动性，还要有趣味性，使听众产生兴趣、获得知识，因而发言者必须具有良好的口语表达技巧。

切忌生硬背稿，照本宣科。尽管有的发言词已事先准备好，但生搬硬套总让人难以接受；而娓娓道来，如叙故事，如数家珍，则让人倍感亲切。

非常高兴也非常荣幸在我国改革开放的最前沿，在中国现代化建设步伐最领先的广州市举办海林的投资环境说明会，首先请允许我代表中共海林市委、海林市人民政府对各位来宾、各位朋友的光临表示最热烈的欢迎和最衷心的感谢！

刚才，专题片中已经介绍了海林的资源、区位、产业和投资环境等情况，这里我再就大家关注的几个问题做进一步说明：

第一，海林是中国北部的经济热点区域，是投资者的热土、创业者的乐园。海林不仅以一本书《林海雪原》、一台戏《智取威虎山》被全国所知晓，同时也是国家产业政策扶持的重点区域，是焕发生机与活力的城市。

一是海林具有重要的区位优势。海林是东北亚经济大通道上的一个重要工业城市，是满洲里到绥芬河、东宁口岸的必经之路。距中心城市哈尔滨285公里，距黑龙江第三大城市牡丹江仅12公里，向南可辐射到延边、墩化等城市。距牡丹江国际航空港20公里，已开通了俄罗斯符拉迪沃斯托克等国际航线，并即将开通韩国首尔航线，当日可直飞广州、上海、北京、青岛等大中城市。虽然海林离广州比较远，但交通非常便捷，可以满足商家的需要。

二是海林是国家振兴东北老工业基地的重点扶持地区。海林是重要的工业城市和资源型城市，具有雄厚的工业基础，已形成了食品、医药、林木加工、冶金机械、清洁能源五大工业体系，工业经济对财政的贡献率达到70%以上。国家实施振兴东北老工业基地战略给海林带来了新的发展机遇，让海林得到了更多的资金和政策扶持。同时，黑龙江省对俄经贸战略升级，海林在对俄加工和出口产品加工方面具

有不可比拟的优势，并且已经建立了省级对俄加工园区、黑龙江省唯一承接韩国资本转移和战略开发的对韩投资园区。另外，1998年海林被国家十六部委批准为国家可持续发展实验区，不仅在政策、资金、智力上得到了各部委的倾斜和支持，而且很多工作已经列入了欧盟扶持发展行列。今年3月份，又被联合国人居署确定为中国仅有的4个可持续发展城市之一，成为继武汉、沈阳之后，与贵阳一同列入该计划的城市，我市将在更高层次上得到联合国相关机构，包括金融机构的支持和帮助。

三是到海林投资可以享受到较低的商务成本。海林林木、水能、风能、矿产、森林有机食品、北药等资源富集，可就地取材、就地加工、就地增值。电力资源充沛，电价相对较低，已经建成了装机55万千瓦的莲花水电站和双桥、钓鱼台、敖头3个小水电站，总投资40亿元装机120万千瓦的荒沟抽水蓄能电站已经启动建设。海林每度工业用电价格仅为0.65元，远远低于沿海发达地区。劳动力资源丰富，有一大批下岗职工和农村富余劳动力，青壮年人口比例大、结构合理、素质高，用工价格低，可以满足各类企业需要。市场空间广阔，面对俄、日、韩等国际市场和东北地区国内市场，发展服装和食品等产业，可迅速抢占市场，赢取最大经济效益。

第二，海林有着广阔的投资领域。我们真诚希望在以下几个方面与广州的各大企业进行交流与合作。

一是林木加业。在海林发展集成材、高密度板、家具配件、高档家具等木材深加工具有良好的基础条件。海林拥有国内、国外两大林木资源，境内活立木蓄积量1.6亿立方米，境外背靠俄罗斯远东地区木材主产区，蓄积量750亿立方米，年进口木材650万立方米。目前我们已编制了全市木业发展规划，并在省级经济技术开发区内辟建了木业加工园区，全市林木加工企业已发展到100余户，木制窗帘、实木地板、装饰材料等产品远销香港、美国、日本、瑞典等地区和国家，我们将利用3年时间把海林建设成中国北方木业城。

二是食品加工业。海林森林有机食品资源富集，是全国食品工业百强县之一。蕨菜、松籽、猴头等100多种森林有机食品年贮藏量达5万吨。人工种植食用菌年产量达6万吨。目前已有完达山、香港万顺昌等10余家知名食品加工企业到海林发展，全市食品加工企业达130余户，已初步开发了果汁饮料、果奶、山野菜等有机食品，林蛙精油、松仁奶等保健食品和食用菌、肉牛、乳品等绿色食品。我们欢迎各大企业到海林发展以绿色食品、森林有机食品、制酒为重点的韩国风味食品加工，开发山野菜、松子、食用菌等系列山产品深加工以及肉牛、猪、鸡等畜产品精深加工和乳制品加工。

三是服务行业和轻工产品。作为东北亚重要的商贸枢纽，海林人流、物流、信息流高度集中，旅游、商贸、餐饮、旅馆、娱乐、房地产等服务体系健全，今年上海中青旅集团将在海林建设黑龙江北部唯一的五星级宾馆。在这里也

欢迎大家到海林发展中介、物流、信息产业、文化产业、体育产业等新兴服务业。同时，我们还在服装、纺织、电子、鞋帽、汽车零部件等对俄轻工业方面，积极寻求合作伙伴。

四是医药工业。海林有中国"北药之乡"之称，横道镇二十二的平贝、三道镇的北芪、二道镇的沙参在国内已小有名气。境内人参、黄芪、五味子、刺五加等200多种中草药材年蕴藏量达12.5万吨。海林已被确定为黑龙江省医药工业加工园区，区内基础设施已全部达到"七通一平"。在不足2年的时间里，我市制药企业已发展到了8家，并全部通过了GMP认证。我们真诚地希望在中药提取、中西药制药、原料药生产等方面引进一批有实力的企业，真正把海林打造成中国北药之城。

五是水能产业。海林是全国以电代燃试点市和全国电气化试点市。境内有大小河流144条，水资源总量78亿立方米，水能蕴藏量550万千瓦，占全省规划总量的50%。目前已完成4个流域总装机32万千瓦的22座水电站规划，正面向国内外招商建设。

六是旅游产业。海林的旅游资源独特，有世界最大的东北虎繁育基地，有3个国家级森林公园和1个国家级地质公园，有商周时期的群力古岩画、金代江东古墓群、杨子荣烈士陵园等众多人文景观。现已形成了以中国雪乡、威虎山、莲花湖三大景区，杨子荣烈士陵园和威虎山影视城为代表的"三区、一园、一城"的旅游格局，40余个景区景点年接待国内外游客百余万人。应该说，就旅游而言，"一南一北"

各具特色，开发合作的空间、领域十分广阔，市场潜力巨大，我们已高标准地制订了莲花湖、威虎山等旅游景区总体规划，创意包装了威虎山国际滑雪旅游度假区、中国雪乡滑雪旅游集合区、莲花湖景区整体开发等一批精品旅游项目，正等待大家的开发与建设。

到海林投资不仅可以寻找到高回报率的项目，而且可以享受到一流的服务。针对投资者投资建厂，我们有专门机构负责代办、领办一切手续；针对重点项目，我们将成立专门协调小组跟踪服务；针对组团或集团式入驻与开发、企业自身形成吃配关系的战略投资者、高新技术产业、重大项目和著名品牌，我们将采取一事一议的办法给予特殊优惠。总之，企业生产经营之外的一切事宜都由我们来办，真正做到以我们的服务助你们成功。

第三，关于企业进入的形式。到海林投资，进入的形式可以灵活多样，不受任何限制。

一是可以将海林作为你企业的原材料基地或半成品生产加工基地。可以把我们的林木、山产品、北药等资源作为原材料直接输出给外地的企业，也可以依托丰富的资源进行半成品加工，再输出给外地的企业进行精深加工。

二是可以直接投资建厂。依托我们的区位、资源、产业等优势，投资建厂，进行就地加工、就地销售、就地出口。

三是可以建设物流或商品集散地。借助海林优越的区位和便捷的交通，以及靠近中心区商贸流通和生产企业集群的优势，组建集包装、运输、加工、信息于一体的物流公司或

与其他产业相配套的产品配送公司，形成以口岸为前沿，以牡丹江、哈尔滨等中心城市为依托，辐射北京、大连、广州等大中城市的现代物流网络体系。同时，可以依托木材、山产品、食用菌、蔬菜等资源，建设批发、零售市场，形成面向国内、国际的商品集散地。

四是可以与海林现有的企业在生产经营上进行广泛合作。通过合资、合作的方式，对我们的资源和产业进行开发，实现资金、技术、人才和市场的最佳组合。

同时我们欢迎大企业、大集团通过兼并、收购等方式，进行跨地区、跨行业的联合、重组，扩张规模，提高经营效益。总之，海林人气兴旺，商机无限。我们竭诚地欢迎各位领导、各位企业家，到海林观光考察、访友做客、投资建厂。如果你们到海林做客，我们将以东北人特有的热情豪爽尽东道主之宜，招待好、服务好；如果你们到海林来发展创业，我们将诚心诚意地为您负责，创造一流的条件，提供一流的服务。

5. 集会活动的演讲艺术

在日常活动中，可以通过各种集会活动认识一些对你今后或许很有帮助的人，那里也是人们演讲的场所。参与此类活动时，经常可以听到一次次精彩的演讲。当有一天，你被推向演讲台的时候，是否做好了足够的准备呢？这可是你一展风采的最佳时机。

集会是一个交流思想的地方，当你有了新的想法，不妨在集会活动中通过演讲表述出来。例如张瑞敏在2010中国企业家年会上的演讲。

尊敬的各位领导、各位贵宾，大家上午好！

刚才听了三位领导的讲话之后，我想结合企业的实际情况谈一下关于自主创新的问题。我主要通过三点体现我想说的主题，自主创新是企业永恒的主题。第一，自主创新的紧迫性。第二，企业的时代性。第三，海尔在自主创新方面的探索。因为时间关系，我先把思路说一下。

企业和国家一样，国家现在需要转型，企业更需要转型。新中国建立60年以来，大概前30年以政治为中心，后30年以经济为中心，也就是说前30年老百姓关注的是党票，后30年老百姓关注的是钞票，现在国家发展模式要转型，就要转到社会建设上来，也就是转移到民生上来，转到有尊严的生活上来。企业也是一样，前30年，我想中国没有真正意义上的企业，后30年中国才有真正意义上的企业。但是没有中国自己创新的管理思想、管理理论和管理模式。我们的管理大部分是学习国外的管理方法，还说不上是管理模式，比方全面质量管理和六西格玛管理。我们需要有一个转型，就海尔来讲，我们提出"三转"，从外部环境来讲，从传统经济

向互联网经济转变；到企业就应该是转型，所谓转型就是要从制造业向服务业转型；如果再具体到员工就应该是转化，员工不应该是被动地接受上级的指令来完成任务，而是应该主动地发现用户需求、创造用户需求、创造市场，应该是一个创新的主体。

由此，我想就应该体现出第二点，企业的时代性。任何一个企业都是时代的产物，也应该跟上时代的发展。比方说海尔，海尔就是一个改革开放的产物，如果没有改革开放，就没有海尔的存在。我想有很多企业也是抓住了这些机遇发展起来的。但是，如果你跟不上时代的发展，你就会被时代所淘汰。所以说我们每个人都应该跟上时代的发展，跟上时代的发展很重要的一点就是颠覆自己传统的观念。

比方互联网时代，给我们带来很大的挑战，第一个就是营销的碎片化。过去的营销是整体的，现在是碎片的。需求是个性化的，不再是出来一个产品、流行什么产品大家跟着走，每个人有自己的个性化需求。首先是用户观念的颠覆。不应该生产出产品再来找用户，而应先找到用户再生产产品，但是现在找用户和过去传统写一个用户调查表完全不同了，必须在互联网上和用户进行充分的沟通，用户要参与你的前端设计，否则你的产品还是没人要。用户观念的颠覆需要我们从前端就开始。

其次就是营销观念的颠覆。也就是说从卖产品到卖服务，换句话说从过去我们习惯的广告促销变成网络营销、口碑营销。过去我们有一个观念叫作1个用户觉得你这个产品好，会向25个亲属、朋友宣传，但是现在互联网上有1个人对你的产品不满，就可能导致品牌遭到极大的损害，这种案例也是非常多的。所以我自己觉得应该改变一个观念，过去回款是销售的终结，现在应该改变为回款是销售的开始。过去我们每个企业拿回款来，这件事就算结束了；但是现在拿回款来，这个销售才刚刚开始。为什么呢？拿回款意味着有了一个用户信息，这个用户信息对你就是一个资源，你就应该不断地跟踪和开发这个用户资源，否则的话只能限于打价格战，不可能知道用户真正新的需求是什么，因为他的需求是随时在变化的。

上周我到欧洲考察我们的市场，发现一个很有意思的现象：在欧洲，世界非常著名的家电品牌中有的不重视互联网，或者对互联网不太习惯，还是沿用过去的传统模式。当地人告诉我，这些品牌已经开始被欧洲的年轻人所忽略，他们的忠诚用户还是原来的老用户。如果普遍都要网上营销的话，就会失去所有的用户群。所以，我们整个营销模式都应该改变。

我们应该改变制造的观念。过去叫大规模制造，现在我们改变为大规模订制。大规模订制和大规模制造是不一样的，大规模订制是根据用户的个性化需求制造，而大规模制造只是根据订单制造，它可以实现低成本，但是不可能创建一个品牌。这是中国成为世界的加工厂还是成为世界的创牌中心一个非常重要的分水岭。

由此我有一个体会，核心竞争力和核心技术、核心产品

不完全是一回事，我们不可以混淆起来。对于企业来讲，需要获得的是核心竞争力，所谓核心竞争力就是企业可以获取用户资源的能力，如果我有了这个能力，我就可以获取核心技术和核心产品，而不是反过来。比方说，戴尔有了直销模式，可以获取核心技术；而IBM没有获取用户资源的能力，却有很高的研发技术，最后还是把它卖给了联想。像亚马逊，颠覆了原来传统实体店的模式，改用网上营销，因此产生了电子书这一核心产品和核心技术。互联网时代就是轻公司和轻资产，如果你能抓住互联网的时机，你可以在很短的时间里迅速成长起来。

第三，海尔在自主创新方面的探索。因为用户个性化的需求，必须把每一个员工变成直接面对用户，让每一个员工成为一个自主创新体。德鲁克有一句话"二十一世纪的企业应该是每一个员工都是自己的CEO"，也就是说应该自主做出决策。因此我们就把组织结构做了调整。全世界的组织结构大概都是正三角，最高领导在上面，一层层下来，员工在最下面，最底层的员工是直接面对用户的。现在我们把正三角变成倒三角，员工直接面对用户，做出创新，领导的任务是支持和提供员工资源，让他们实现这个创新。去年在佛罗里达和IBM前总裁郭士纳做了探讨，他原来就想改成倒三角，但是有很多因素没有实现，他认为这是一个非常重要的突破和创新。美国会计协会和我们探讨了一年多的时间，而且要求我们参加几次国际研讨会，他们认为美国的企业主要是两个会计——财务会计和管理会计，管理会计是未来的会计，财务会计是过去的会计，美国的管理会计已经到了很难突破的瓶颈，海尔这种创新思路可能会带来管理会计的一个新突破，为什么？原来我们受到国内外很多的质疑，即便这个做法很好，但是不可能实现。因为不可能突破科斯定律，企业的组成就是为了降低交易成本，每一个人有一张表就增加了交易成本，现在的互联网恰恰可以做到每个人都有一张表，我可以在天南海北都给你发一个短信，在网上和你联系，告诉你每天的损益，这完全可以做得到。因此，就颠覆了过去的科斯定律。要做到这一点，就必须有一个机制保障，我认为所有模式的创新，最后能不能成立、能不能稳定、能不能持久，必须有一个机制。2007年诺贝尔奖获得者、机制理论设计之父哈维茨认为，机制框架的建立必须有两个条件：第一个是参与约束，所谓参与约束就是你是不是自愿参与，中国的联产承包责任制就叫自愿参与，人民公社敲锣我也不想上工，我也会磨洋工，这个机制一变，这是我自己的地，我一定会自己种好。我们自己内部也根据参与约束设立了人单合一双赢的模式，每个人都有自己的市场目标，过去企业有一个问题，即下达目标的时候领导想下达高目标，下面想要低目标，这是一个博弈。现在我们设计一个机制叫A、B、C竞争目标，设计这个机制的结果就是每个人都会抢大目标，因为对他有利，他不想抢也不行。第二个条件叫作激励相容约束。在自愿参与之后，必须自愿保证完成这个目标。我抢了一个高目标，但是我自愿完成，为什么要自愿完成呢？要设立一个机制。过去我们会有博弈，上有

政策下有对策，但是现在设立这个机制后，你自己和自己博弈，什么意思呢？每个人都想追求自己利益的最大化，无可非议，但是必须先要创造企业利益的最大化，也就是说你想得到个人利益的最大化，你必须先使企业利益的最大化，我们叫"三条"。缴企业利润，挣够市场费用，市场费用过去可以报销，现在不可以，看损益表是不是亏损，如果亏损这个费用自己埋单，能挣出来出差就住高级宾馆，挣不出来就不要住。自负盈亏，超利分成。这是很复杂的体系，我说得很简单。这应该是互联网时代管理创新很重要的内容。

我最后想说的是，这样做了之后，可以使企业真正有竞争力。欧洲透视通过全球调查得出的结果显示：我们是全球白电的第一品牌，有很多竞争力指标很高，我们已经达到了国际水平。我们提出零库存下的即需即供，在市场上不打价格战，要货马上提供给你，你不要货我们不会存货，也不断货、不压货，这个指标现在达到了库存包括在途是5天，中国企业平均水平大概是几十天，我们只有它的几分之一甚至十几分之一。另外一个指标是CCC（现金运营周期），我们已经达到负10天，中国企业平均要达到正的很多天，正的天数越多意味着银行贷款越多，负的天数越多意味着企业不但没有贷款还有很多的自有资金，负10天不是最高的指标，最高的指标是戴尔，它最高的时候曾经达到负30天。所以我想这是非常重要的，如果企业真正有了非常强的竞争力，任何危机都能对付过去。所以，去年1月1日温总理到海尔视察时，我跟他汇报，现在不是要过冬，对海尔来讲一定要学会冬泳，把这些指标变成冬泳的指标。

最后又回到这个问题——自主创新，我非常欣赏加里·哈默有一本非常有名的书——《管理大未来》，在这本书中有一句话我非常欣赏，"人类束缚在地球不是地球的吸引力，而是人类的创新力"。只要我们有创新力，我们一定会战胜一切困难。我想最后就用这句话来结束，弘扬企业家精神，也就是创新精神，让我们共同为中华民族的伟大复兴再立新功。

参考文献：

［1］郑一群．沟通无限：让沟通没有距离［M］．北京：地震出版社，2011.

［2］马银文．幽默演讲口才［M］．北京：中国国际广播音像出版社，2005.

［3］田由申．金口才操纵术［M］．北京：中国商业出版社，2011.

［4］马银春．口才训练与演讲艺术［M］．北京：中国物资出版社，2005.

［5］邓占永．口才好的人到哪都有好发展［M］．沈阳：万卷出版公司，2015.

［6］袁丽萍．口才的力量［M］．北京：中国言实出版社，2014.

［7］马银文，汪建民．人际交往中的口才学和心理学［M］．北京：中国商业出版社，2015.

［8］郑一群．脱稿讲话：顶级演讲的10个秘诀［M］．北京：新华出版社，2016.

［9］马银春．沟通的艺术［M］．北京：金城出版社，2012.

［10］郝凤波．妙嘴刻人生［M］．北京：地震出版社，2007.

［11］马银文．好口才就是金招牌［M］．北京：中国商业出版社，2010.

［12］何山．好口才就是金招牌［M］．北京：现代出版社，2007.

［13］马银春．说话的艺术［M］．北京：金城出版社，2012.

［14］余林．马云口才课［M］．成都：成都时代出版社，2014.

［15］马银文．改变一生的10堂口才课［M］．北京：台海出版社，2012.